Volkswirtschaftliche und wirtschaftsgeschichtliche Abhandlungen

herausgegeben von

Wilhelm Stieda

o. ö. Professor der Nationalökonomie in Leipzig

III. Folge Heft 8

Das Volksvermögen und Volkseinkommen des Königreichs Sachsen

Von

Dr. Erich Fuhrmann

Leipzig
Verlag von Veit & Comp.
1914

Volkswirtschaftliche und wirtschaftsgeschichtliche Abhandlungen

herausgegeben von

Wilhelm Stieda

o. ö. Professor der Nationalökonomie in Leipzig

Dritte Folge.

Heft 1. **Die Landwirtschaft** unter dem Einflusse von Bergbau und Industrie im Rheinischen Ruhrkohlengebiet. Von Dr. W. Avereck. 2 *M* 40 *Pf*.

Heft 2. **Das Aufkommen der Großindustrie in Leipzig.** Von Dr. Karl Juckenburg. 5 *M*.

Heft 3. **Die Entwickelung der Gärtnerei.** Mit besonderer Berücksichtigung der Verhältnisse in Dresden. Von Dr. phil. Kurt Hofmann. 3 *M* 20 *Pf*.

Heft 4. **Die Statistik der Einkommensverteilung** mit besonderer Rücksicht auf das Königreich Sachsen. Von Dr. phil. Nicolae Tabacovici. 2 *M*.

Heft 5. **Der Außenhandel Serbiens.** Von Dr. Ivan Z. Nestorović. 4 *M*.

Heft 6. **Die Deutsche Möbelplüsch- und Moquette-Industrie.** Geschichtliche Entwicklung und gegenwärtige Lage. Von Dr. phil. Karl Germann. 2 *M* 40 *Pf*.

Heft 7. **Der Bauernbesitz in der Provinz Posen im 19. Jahrhundert.** Von Dr. Th. v. Jackowski. 4 *M* 50 *Pf*.

Heft 8. **Das Volksvermögen und Volkseinkommen des Königreichs Sachsen.** Von Dr. Erich Fuhrmann. 2 *M* 50 *Pf*.

Volkswirtschaftliche und wirtschaftsgeschichtliche Abhandlungen

herausgegeben von

Wilhelm Stieda

o. ö. Professor der Nationalökonomie in Leipzig

III. Folge Heft 8

Das Volksvermögen und Volkseinkommen des Königreichs Sachsen

Von

Dr. Erich Fuhrmann

Leipzig
Verlag von Veit & Comp.
1914

Druck von Metzger & Wittig in Leipzig.

MEINEN LIEBEN ELTERN!

Vorwort.

Die vorliegende Arbeit verdankt ihre Entstehung einer Anregung des Herrn Prof. Dr. Ferdinand Schmid, Leipzig, aus dessen Seminar schon eine Reihe volkswirtschaftlicher und statistischer Arbeiten über das Königreich Sachsen hervorgegangen sind.

Der erste Teil der vorliegenden Arbeit soll den Leser mit allen Fragen bekannt machen, die mit einer Berechnung des Volksvermögens und Volkseinkommens in Zusammenhang stehen, und bildet so die Einleitung zum zweiten Teile der Arbeit. Dabei wurde zum ersten Male das Wichtigste über Methode, Geschichte, Literatur und Theorie der Volksvermögens- und Volkseinkommensberechnungen zu einer kurzen Übersicht zusammengefaßt. Zur Ergänzung des ersten Teils dienen die Beispiele einiger Schätzungen des Volksvermögens und Volkseinkommens, die als Anlage beigefügt sind, und die ausgedehnte Sammlung verschiedener bisheriger Schätzungen in Tabelle 1 und 2. Über die Vorteile der Methode und die Brauchbarkeit der Ergebnisse unserer eigenen Berechnungen, die den zweiten Teil dieser Arbeit ausfüllen, ist im achten Abschnitt des zweiten Teils alles Wesentliche hervorgehoben.

Leipzig, im Februar 1914.

Der Verfasser.

Inhaltsübersicht.

I. Theoretischer (Allgemeiner) Teil.

Seite

Erster Abschnitt: Die Methoden zur Berechnung des Volksvermögens und Volkseinkommens 1
Zweiter Abschnitt: Die bisherigen Schätzungen des Volksvermögens und Volkseinkommens 3
a) Die bisherigen Schätzungen des Volksvermögens 4
b) Die bisherigen Schätzungen des Volkseinkommens 6
c) Theoretische Arbeiten 6
Dritter Abschnitt: Erklärung der Begriffe Volksvermögen, Volkseinkommen und Volkswohlstand 7
a) Erklärung des Begriffes Volksvermögen 7
b) Erklärung des Begriffes Volkseinkommen 9
1. Das subjektive Volkseinkommen 9
2. Das objektive Volkseinkommen 9
3. Das reine Volkseinkommen und der Volksverbrauch . . 10
c) Erklärung des Begriffes Volkswohlstand 11

II. Praktischer (Besonderer) Teil.

Erster Abschnitt: Die statistischen Unterlagen für eine Berechnung des sächsischen Volksvermögens und Volkseinkommens 13
1. Die staatliche Grundsteuer 13
2. Die Ergebnisse der Einschätzungen zur Personaleinkommensteuer 15
3. Die Ergebnisse der Einschätzung zur Ergänzungssteuer . 15
4. Die Versicherungssummen der staatlichen Immobiliarbrandzwangsversicherung 16
5. Die Versicherungssummen der Mobiliarfeuerversicherung . 17
6. Angaben über den Wert des unbeweglichen und beweglichen Staatsvermögens und über die Staatsschulden . 17
7. Angaben in den Verwaltungsberichten mehrerer Städte . 17
Zweiter Abschnitt: Die Berechnung des unbeweglichen sächsischen Volksvermögens 17
a) Die Grundlagen der Berechnung 17
b) Die Ermittelung des besteuerten immobilen Volksvermögens . 19
c) Vervollständigung der bisherigen Ergebnisse 21
d) Vergleiche mit anderen statistischen Tatsachen 21
Dritter Abschnitt: Die Berechnung des beweglichen sächsischen Volksvermögens 22
Vierter Abschnitt: Das gesamte sächsische Volksvermögen und seine Entwicklung 24

Seite

Fünfter Abschnitt: Die Berechnung des sächsischen Volkseinkommens und seine Entwicklung 25
a) Das subjektive Volkseinkommen 25
1. Fundiertes Einkommen 26
2. Unfundiertes Einkommen 26
b) Das objektive Volkseinkommen 26
c) Der jährliche Zuwachs des Volksvermögens 28
d) Das verbrauchte jährliche Volkseinkommen 28
Sechster Abschnitt: Die Verteilung des Volksvermögens und Volkseinkommens 30
Siebenter Abschnitt: Der Volkswohlstand 34
Achter Abschnitt: Die Ergebnisse unserer Untersuchungen . . . 35

Anlagen.

Aufbau einiger Schätzungen des Volksvermögens und Volkseinkommens . 39
1. Rümelin und Schall 39
2. Schott 39
3. May 40
4. Steinmann-Bucher 40
5. Helfferich 41
6. Fellner 41
Nähere Begründung der bei unseren Berechnungen angewandten Zuschläge und die Berücksichtigung der juristischen Personen 42
1. Die Ergänzung des immobilen Volksvermögens 42
2. Die Ergänzung des mobilen Volksvermögens 43
3. Die Berücksichtigung der juristischen Personen 44
Tabellen 45
Graphische Darstellungen 57
Literaturverzeichnis 58

I. Theoretischer (Allgemeiner) Teil.

Erster Abschnitt.

Die Methoden zur Berechnung des Volksvermögens und Volkseinkommens.

In der theoretischen Nationalökonomie werden in der Regel folgende Methoden zur Berechnung des Volksvermögens und Volkseinkommens unterschieden:

1. Die Personal- und die Realmethode (subjektive und objektive Methode)[1]. Bei der Personalmethode geht man von den Vermögen der einzelnen physischen und juristischen Personen aus und bildet ihre Summe. Bei der Realmethode werden die einzelnen Teile des Volksvermögens, Grund und Boden, die Gebäude, Verkehrsmittel, das bewegliche Vermögen usw. bestimmt und dann zusammengezählt. Die Personalmethode bietet einen größeren Einblick in die persönliche Einkommensverteilung, bei der Realmethode kommt die Zusammensetzung des Volksvermögens besser zum Ausdruck.

2. Die direkte und die indirekte Ermittelung des Volksvermögens oder Volkseinkommens. Eine direkte Erfassung des Volksvermögens liegt vor, wenn der Berechnung fertige Wertziffern zugrunde gelegt werden: Einschätzungsergebnisse einer Vermögenssteuer, Katasteraufzeichnungen, Feuerversicherungssummen usw., eine direkte Erfassung des Volkseinkommens, wenn die Einschätzungsergebnisse einer Einkommensteuer, eines Ertragskatasters usw. benutzt werden können. Eine indirekte Ermittelung des Volksvermögens besteht dagegen, wenn aus dem Einkommen einzelner Personen auf ihr Vermögen, aus den Erträgen gewisser Vermögensobjekte auf ihren Wert geschlossen wird. Ebenso kann aus den durchschnittlichen Baukosten der Straßen, Eisenbahnen usw., aus dem durchschnittlichen Verkaufswert der Grundstücke eines Landes auf den Gesamtwert der betreffenden Bestandteile des Volksvermögens geschlossen werden. Man muß dabei die Kosten für das Kilometer und die Ausdehnung des Straßen- und Eisenbahnnetzes, den Wert eines Quadratmeters und die

---

[1] Siehe z. B. Schnapper-Arndt, S. 260ff.; Juraschek, S. XVII; Statistische Monatsschrift 1902, S. 774—778, u. a. Der genaue Titel der Schriften, auf die wir im Text oder in den Anmerkungen verweisen, findet sich im Literaturverzeichnis.

Gesamtfläche der in Frage kommenden Grundstücke usw. kennen. Eine weitere indirekte Methode, die in vielen Staaten mit einer ausgebildeten Erbschaftssteuer angewendet wird, besteht in der Ermittelung des Volksvermögens aus der Summe der jährlich zur Vererbung gelangten Vermögen und der Generationsdauer. Das Volkseinkommen dürfte größtenteils direkt bestimmt werden, doch auch hier kommen indirekte Ermittelungen aus den Durchschnittseinkommen bestimmter Berufsgruppen mit Zuhilfenahme der Berufszählungen usw. vor.

Welcher Methode, der subjektiven oder objektiven, der direkten oder indirekten im einzelnen Falle der Vorzug zu geben ist, kann nicht ohne nähere Prüfung des Materials entschieden werden. Eine allgemeine Regel zu geben, ist hier unmöglich, so sehr dies auch für die Vergleichbarkeit der Ergebnisse verschiedener Länder und Zeiten wünschenswert wäre. Nicht der freie Wille des Statistikers, sondern die Beschaffenheit des Materials bestimmt hier die Methode, die am vorteilhaftesten anzuwenden ist. Ist die Auswahl des Materials größer, so läßt sich erwägen, ob man mehr die Zusammensetzung oder mehr die zeitliche Entwicklung des Volksvermögens oder Volkseinkommens untersuchen will. Beides zu vereinigen ist schwierig. Eine brauchbare Ermittelung der einzelnen Vermögensbestandteile erfordert die Beantwortung so vieler Nebenfragen, Berücksichtigung so vieler Einzelheiten, daß an eine jährliche Wiederholung kaum zu denken ist. Einen guten Überblick über die zeitliche Entwicklung des Volksvermögens und Volkseinkommens erhält man aber nur, wenn die Fehler, die schließlich bei keiner Methode ganz zu vermeiden sind, das Ergebnis des einen Jahres in genau derselben Weise beeinflussen, wie die Ergebnisse für alle anderen Jahre. Diesen Erfolg verspricht jedoch nur eine Methode, die auf möglichst einheitlicher Grundlage aufgebaut ist. Aus den jährlichen Schwankungen einer Endziffer, die aus Einzelschätzungen zusammengesetzt ist, können keine sicheren Schlüsse gezogen werden. Eine direkte Ermittelung des Volksvermögens oder Volkseinkommens oder von Teilen des Volksvermögens verliert darum sehr an Wert, wenn das zugrunde gelegte Material sehr unvollständig ist. Eine Feuerversicherungssumme, die nur einen kleinen Teil der in Frage kommenden Gegenstände enthält und durch besondere Schätzungen ergänzt werden muß, eine Vermögenssteuer, die nur die größten Vermögen trifft und uns über den Wert der kleinen und mittleren Vermögen nichts aussagt, leistet uns geringere Dienste, als eine indirekte Erhebung. Die Hauptschwierigkeit einer indirekten Erhebung bildet die richtige Bestimmung der „Umrechnungsgröße" (der Durchschnittswerte, der Generationsdauer, Kapitalisationsfaktoren usw.), da hier ein kleiner Fehler das Ergebnis schon sehr verändern kann. Dennoch wird diese Methode sicher zum Ziele führen, wo direktes Zahlenmaterial entweder gänzlich fehlt oder unvollständiger ist, als die Quellen, die für eine indirekte Berechnung verwendet werden können.

Zweiter Abschnitt.

Die bisherigen Schätzungen des Volksvermögens und Volkseinkommens.

Wir haben in den Tabellen 1 und 2 eine große Reihe der bisherigen Schätzungen verschiedener Volksvermögen und Volkseinkommen zusammengestellt. Es handelt sich hierbei nur um eine Sammlung der in verschiedenen Büchern und Zeitschriften verstreuten Zahlen. Eine Vergleichung der einzelnen Angaben untereinander ist größtenteils nicht möglich, da die einzelnen Verfasser unter „Volksvermögen" und „Volkseinkommen" vielfach nicht genau dasselbe verstanden haben. In vielen Berechnungen ist als Volksvermögen das Vermögen des Staates mitgerechnet, andere Ermittelungen beschränken sich auf die Feststellung der Summe der Privatvermögen. Auch die staatlichen Einrichtungen, Steuergesetze, Versicherungs-, Besitzwechselstatistik usw., auf die sich die Berechnungen stützen, weichen in den einzelnen Ländern zu sehr voneinander ab. Die Ausfüllung der Lücken des Materials auf Grund mehr oder weniger sicherer Anhaltspunkte kann stets nur annäherungsweise geschehen. Die Abweichung von der Wirklichkeit kann im einzelnen Falle gering sein, dennoch lassen sich aus der Vergleichung der Ergebnisse mehrerer Berechnungen, die auf gänzlich verschiedener Grundlage erfolgt sind, ohne weiteres noch keine sicheren Schlüsse ziehen. Erst wenn für die einzelnen Länder eine Reihe von Berechnungen vorliegt, kann man mit einiger Sicherheit behaupten, daß das Volksvermögen oder Volkseinkommen des einen Landes größer ist als in dem andern. Die Unterschiede bei mehreren von uns zusammengestellten Zahlen für dasselbe Land und den gleichen Zeitpunkt lassen erkennen, wie weit die verschiedenen Berechnungen voneinander abweichen können. Da es für die Verwendung einer solchen unsicheren Zahl wichtig ist, Näheres über ihren Inhalt, ihre Ermittelung und Zuverlässigkeit zu wissen, ist in unseren Tabellen immer die Stelle angegeben, der wir die Zahl entnommen haben. Beiläufig erwähnt sei nur noch, daß in den ältesten Schätzungen meist auch das „Menschenkapital" inbegriffen ist. Dies war fast selbstverständlich zur Zeit der Sklaverei, wo jeder unfreie Mensch einen genau meßbaren Wert besaß. Heute wird dieser „Teil des Volksvermögens" nirgends mehr in Rechnung gesetzt.[1]

Bei der folgenden Darstellung der einzelnen Versuche, das Volksvermögen und Volkseinkommen zu ermitteln, kann es nicht unsere Aufgabe sein, ein genaues Bild von jeder einzelnen Schätzung zu geben. Wir werden uns vielmehr hierdurch nur ein allgemeines

---

[1] Vgl. hierüber auch Schnapper-Arndt, S. 270; Zeitschrift des Kgl. Sächs. Stat. Landesamtes 1855, S. 145; Stat. Monatsschrift 1887, S. 579 (Anm. 4) und 584.

Urteil über die Zuverlässigkeit der einzelnen Schätzungen und einen Überblick über die Stellung der einzelnen Arbeiten zueinander zu verschaffen suchen.

a) Die bisherigen Schätzungen des Volksvermögens.

Ein Teil der wichtigsten älteren Arbeiten über das Volksvermögen und Volkseinkommen ist schon mehrfach zusammenfassend behandelt worden. Eine ausführliche Zusammenstellung und Beurteilung der ältesten deutschen Versuche finden wir in einer Arbeit von Losch in „Schmollers Forschungen". Den ersten Versuch, das deutsche Volksvermögen zu schätzen, unternahm Krug (1806), der nachmalige Direktor des von Stein ins Leben gerufenen preußischen statistischen Bureaus. Die Grundlagen für eine solche Schätzung waren jedoch damals, besonders infolge der Zersplitterung Deutschlands, völlig unzureichend, um ein brauchbares Ergebnis zu liefern. Als Fortsetzung seiner Arbeit gilt das Werk von Dieterici (1846). Auch er kann von einer Schätzung des Volksvermögens erst „Bruchstücke" geben. Weiterhin gehören nach Losch die drei Schätzungen des württembergischen Volksvermögens durch Schmidlin (1841), Rümelin (1863) und Schall (1884) zusammen, deren Berechnungen sich auf das württembergische Ertragssteuersystem stützen.[1] Etwas lebhafter wird die Tätigkeit der Statistiker auf diesem Gebiete nach Einführung der Personaleinkommensteuer in verschiedenen deutschen Staaten. Doch bleiben die Berechnungen zunächst bei der Feststellung des Volkseinkommens stehen (Soetbeer) oder es wird mehr Gewicht auf eine Beurteilung der Verteilungsverhältnisse und des Volkswohlstandes gelegt als auf die Gewinnung einer Endziffer. Hierher gehören die Arbeiten von Michaelis (1878), Geyer (1880) und Philippi (1883—1885).

Eine Reihe früherer Berechnungen finden wir ferner zusammengestellt in zwei Berichten über die Tätigkeit des Statistischen Seminars an der Universität Wien in der Statistischen Monatsschrift. In zahlreichen Referaten, die unter der Leitung Inama-Sterneggs gehalten wurden, kommen hierbei zur Darstellung:

1. die Arbeiten der sogenannten politischen Arithmetiker (17. bis 18. Jahrhundert), deren Untersuchungen sich hauptsächlich auf den jährlichen Wertüberschuß der Ausfuhr über die Einfuhr gründen: Petty, D'Avenant, Gregory King, Hooke, Colquhoun usw.;

2. die Arbeiten der physiokratischen Schule: Lavoisier (1791) und andere;

3. die neueren Arbeiten in Frankreich auf Grund der Vermögensübertragungssteuer: de Foville (1883), Fournier de Flaix (1886) usw.;

---

[1] Einen genaueren Überblick über den Aufbau einiger Schätzungen des Volksvermögens und Volkseinkommens bringen wir als Anlage (S. 39—42).

4. der Zensus der Vereinigten Staaten von Amerika, wo seit 1790 alle 10 Jahre eine Schätzung des Nationalvermögens mit allen Mitteln, die den staatlichen Behörden zur Verfügung stehen, durchgeführt wird;

5. die englischen Schätzungen auf Grund der Income-tax (einer Art Einkommensteuer): Giffen (von 1878 an);

6. die finnischen Versuche (Ignatius) und

7. einige Berechnungen aus den Niederlanden.

Einen Teil der schon erwähnten Arbeiten finden wir wieder unter den Beispielen in Schnapper-Arndts „Sozialstatistik". Der Verfasser widmet namentlich Petty, Gregory King, Krug und Schall eine kurze Betrachtung. Er führt auch die zahlreichen, wenn auch größtenteils sehr unzuverlässigen Schätzungen Mulhalls an und bespricht ausführlicher die Arbeit von Fellner für Ungarn (1902), dessen Untersuchungen sich auf die Steuer beim Besitzwechsel und Todesfall, die Grundsteuer usw. gründen.

Von neueren Arbeiten, die wir den vorstehenden zusammenfassenden Darstellungen nunmehr hinzuzufügen haben, erwähnen wir zunächst die Berechnung des „Volkswohlstandes im Königreiche Sachsen" von Sigmund Schott (1890). Das deutsche Volksvermögen wurde von Schmoller (1904) im Hinblick auf die früheren Schätzungen Beckers und Everts noch zu 200 Milliarden Mark angenommen. Der jüngsten Zeit gehört ferner die Berechnung des deutschen Volksvermögens von Steinmann-Bucher (1909) an, die von Lexis in der neuesten Auflage des „Wörterbuches der Volkswirtschaft" (her. v. Elster) als „besser und richtiger als alle früheren Versuche" bezeichnet wird. Die hauptsächlichste Grundlage der Berechnung bilden die Zahlen der Feuerversicherung; das Ergebnis, das in auffälligem Gegensatz zu allen früheren Berechnungen steht, ist 350 Milliarden Mark deutsches Volksvermögen. Dagegen finden wir in dem neuesten Werk über diesen Gegenstand, in dem Buche von Karl Helfferich: „Der Volkswohlstand in Deutschland" (1913) wieder eine etwas niedrigere Zahl: 290—320 Milliarden Mark.

Die neuesten Schätzungen einiger außerdeutscher Statistiker, so namentlich Fellners Arbeiten über Österreich-Ungarn (1913) und die Schätzungen des schwedischen Volksvermögens von Fahlbeck und Flodström (1908) liegen uns vor in Gestalt von „Referaten für den 14. Kongreß des Internationalen Statistischen Instituts" (September 1913). Die Ergebnisse finden sich gleichfalls auf Tabelle 1.

Wir finden schließlich eine Reihe anderer Arbeiten, die sich auf die Ermittelung einzelner Teile des Volksvermögens und auf kleinere Gebiete beschränken: Roschmann-Hörburg und Johann Winckler unternehmen eine Berechnung des Bodenwertes Österreichs, von Julius Wolf haben wir eine Berechnung des Bodenwertes von Berlin. Über den Boden- und Gebäudewert des Königreiches Sachsen besitzen wir eine recht eingehende Untersuchung von Regierungsrat Steglich, der wir bei unseren späteren Berechnungen nochmals begegnen werden.

b) Die bisherigen Schätzungen des Volkseinkommens.

Sehr viele von den bereits unter den Schätzungen des Volksvermögens genannten Arbeiten enthalten gleichzeitig eine Untersuchung des Volksvermögens, Volkseinkommens und Volkswohlstandes. Es genügt für unseren Zweck, eine kurze Übersicht über die vorhandenen Arbeiten zu geben, wenn wir an dieser Stelle hauptsächlich die Berechnungen nachtragen, die sich ausschließlich mit der Erfassung des Volkseinkommens beschäftigen.

Aus dem geschichtlichen Überblick von Losch ersehen wir, daß die Schätzungen des deutschen Volkseinkommens bedeutend später beginnen als die Schätzungen des Volksvermögens. Die Ermittlungen des württembergischen Volkseinkommens von Schmidlin, Rümelin und Schall stützen sich noch, wie die gleichzeitigen Schätzungen des Volksvermögens, auf das Ertragssteuersystem. Erst nach der Einführung der preußischen Personaleinkommensteuer konnte Soetbeer (1879) daran gehen, das deutsche Volkseinkommen zu ermitteln. Auf ähnlichen Grundlagen beruhen auch die Schätzungen von Engel, Nasse und Samter.

Das deutsche Volkseinkommen ist dann gleichfalls unter Zugrundelegung der preußischen Einkommensteuer und mit Hilfe der Berufszählungen von R. E. May (1900) geschätzt worden. Dabei werden die Zahlen für Preußen einfach durch einen Zuschlag von 64%, dem Bevölkerungsverhältnis entsprechend, auf Deutschland übertragen. Schmoller und Helfferich beschäftigen sich ebenfalls mit der Ermittlung des deutschen Volkseinkommens.

Eine der bedeutendsten Arbeiten über das Volkseinkommen ist die Schätzung des ungarischen Volkseinkommens von Fellner. In Ermangelung einer Einkommensteuer wird hier der Wert der jährlichen Ernte und des jährlich neuproduzierten Viehes, der Ertrag der Fabrikindustrie, von Handel und Transport und schließlich der Bezug an Zinsen, Renten usw. vom Ausland zugrunde gelegt. Schnapper-Arndt bringt in seinem Buche auch Einzelheiten über die Arbeiten Fahlbecks für Schweden, der hauptsächlich die Grundsteuer verwendet, und die Arbeiten Giffens für England auf Grund der Income-tax.

c) Theoretische Arbeiten.

Auch einige andere Arbeiten, in denen eine wirkliche Schätzung des Volksvermögens oder Volkseinkommens nicht durchgeführt ist, die jedoch vom wissenschaftlichen und methodischen Standpunkt aus sehr wertvoll sind, müssen wir in diesem Zusammenhang erwähnen. Im Anschluß an die schon mehrfach verwendete Zusammenfassung früherer Arbeiten finden wir bei Losch eine Reihe „unausgeführter Vorschläge zur Messung des Volksvermögens und Volkseinkommens“.[1] Schließlich unternimmt der Verfasser noch

[1] A. a. O., S. 56—76.

den „Versuch eines organischen Aufbaues unserer Aufgabe“.[1] Dann haben wir der ausführlichen Darlegung der Schwierigkeiten der Methoden und Mängel des Materials zu gedenken, die Adolph Wagner in der Zeitschrift des Kgl. Preußischen Statistischen Bureaus veröffentlicht hat, und des Aufsatzes von Würzburger, der im Zusammenhang hiermit die Verwendbarkeit der sächsischen Einkommensteuerergebnisse für eine Berechnung des Volksvermögens und Volkseinkommens untersucht. Als eine wichtige methodische Untersuchung über die Brauchbarkeit der Erbschaftssteuer für unsere Aufgabe darf auch ein Aufsatz von Verrijn Stuart im Statistischen Archiv nicht unerwähnt bleiben.

Eine reichhaltige Aufzählung von Statistikern, die sich, theoretisch oder praktisch, mit der Berechnung des Volksvermögens oder Volkseinkommens befaßt haben, finden wir bei Fellner[2]; einen Überblick über den Begriff Volksvermögen und Volkseinkommen bei den verschiedenen Klassikern der Nationalökonomie und den neueren Theoretikern gibt uns Weinschenck in seiner Arbeit über das Volksvermögen. Lediglich eine Zusammenstellung des für eine Berechnung des Volksvermögens und Volkseinkommens in Betracht kommenden Materials für 37 Länder enthält ein Aufsatz von Kiaer im „Bulletin“, während Juraschek in Neumann-Spallarts „Übersichten der Weltwirtschaft“ hauptsächlich die Ergebnisse zahlreicher Schätzungen des Volksvermögens und Volkseinkommens gesammelt hat.

Dritter Abschnitt.

Erklärung der Begriffe Volksvermögen, Volkseinkommen und Volkswohlstand.

a) Erklärung des Begriffes Volksvermögen.

Die klarste und einwandfreiste Erklärung des Begriffes Volksvermögen, der wir uns auch vollkommen anschließen möchten, scheint uns Lexis gegeben zu haben: „Das Volksvermögen bezeichnet die Gesamtheit aller in dem Vermögen der einzelnen Angehörigen eines Volkes sowie auch des Staates und der öffentlichen Körperschaften enthaltenen Güter, und zwar geschätzt nach ihrem Geldwert, da nur auf diese Art eine Summierung möglich ist.“ Es gehören somit dazu (wenn wir die einzelnen Teile zu drei Gruppen zusammenfassen):

1. der Gesamtwert aller Grundstücke und Baulichkeiten, gleichviel, ob sie zur Produktion oder persönlichen Zwecken dienen (Immobilien; die „liegende Habe“);

---

[1] A. a. O., S. 77—99.
[2] Bulletin a. a. O., S. 116 und Band XIII, 2 (1902), S. 99.

2. der Wert aller beweglichen sachlichen Güter: Produktionskapital (stehendes oder umlaufendes), Handelskapital, Gebrauchs- und Verbrauchsgüter, Bargeld (Mobilien; die „fahrende Habe");

3. Forderungen oder Schulden an das Ausland.

Nicht in Frage kommen also Forderungen der Inländer an Inländer und alle nur auf Kredit beruhenden Werte, Papiergeld, Aktien inländischer Gesellschaften usw., da hierbei stets den Forderungen gleich hohe Schulden gegenüberstehen.

Die Bezeichnung „Volksvermögen" für den eben bestimmten Begriff ist zweifellos die verbreitetste. Lexis möchte allerdings dafür lieber „Volksreichtum" gesetzt wissen, da jedem Vermögen, also auch dem Volksvermögen, ein Rechtssubjekt zugrunde liegen müsse, welches beim Volksvermögen nicht vorhanden sei. Andere theoretische Arbeiten[1] unterscheiden „National"- und „Territorial"-vermögen. Unter dem ersten soll das einer Nation gehörige Vermögen verstanden werden, unabhängig von den Grenzen des Landes, während man sich unter dem zweiten Begriff alle von den Grenzen eines Landes umschlossenen Werte vorstellt, ob sie nun Inländern oder Ausländern gehören. Es wird bei einer praktischen Durchführung unserer Aufgabe nicht leicht sein, in jedem Falle zu entscheiden, ob sich das Vermögen einzelner Volksangehöriger im Auslande befindet oder ob umgekehrt Vermögensobjekte, die sich im Lande vorfinden, außerhalb des Landes wohnenden Personen gehören. Wir halten es für keinen schweren Fehler, auf diesen Unterschied keine weitere Rücksicht zu nehmen, und erblicken die Entscheidung darüber, ob etwas zum Volksvermögen gerechnet werden soll, in der Wichtigkeit der betreffenden Sache für die nationale Produktion und Konsumtion. Hier haben uns aber die Einschätzungskommissionen für die einzelnen Steuern die notwendige Vorarbeit geleistet; denn die Vermögensbestandteile, welche wir zum Volksvermögen zu rechnen haben, werden mit den Werten nahezu übereinstimmen, die zur Deckung des Finanzbedarfes eines Landes herangezogen werden. Nur die Werte, welche eine Steuer aus besonderen Gründen absichtlich freiläßt (das Vermögen des Staates usw.), erfordern eine besondere Berücksichtigung. Ebenso ist es unmöglich, bei der wirklichen Durchführung unserer Aufgabe die verschiedenen Wertbegriffe zu berücksichtigen, die von der Theorie unterschieden werden. Die Frage, ob der Gewinnung von Wertziffern der Tauschwert (Verkehrs-, Kosten-, gemeine Wert) oder Gebrauchswert (Betriebs-, Nutzungswert) einer Sache zugrunde zu legen sei, ist bei der Abfassung von Steuer- und anderen Gesetzen, bei der Anweisung der Einschätzungsorgane usw. zu beantworten, nicht bei einer statistischen Weiterbearbeitung bereits vorliegender Zahlen.

[1] Siehe Stat. Monatsschrift 1902, S. 754—55.

b) Erklärung des Begriffes Volkseinkommen.

Nicht so fest wie der Begriff des Volksvermögens steht derjenige des Volkseinkommens. Zunächst besteht ein grundsätzlicher Unterschied, ob wir unter Volkseinkommen verstehen wollen:

1. die Summe aller Einzeleinkommen (subjektives Volkseinkommen);
2. die Summe der von einem Volke im ganzen jährlich neu erzeugten Werte, den „Konsumtionsfonds" der Volkswirtschaft (objektives Volkseinkommen);
3. den jährlichen Zuwachs an Volksvermögen (reines Volkseinkommen).

1. Das subjektive Volkseinkommen.

Die Bestandteile des subjektiven Volkseinkommens können ursprünglich oder abgeleitet sein. Zu den ursprünglichen Einkommen gehören die Grundrente, die Zinsen für produktive Kapitalien, die Arbeitslöhne und Unternehmergewinne. Zu den abgeleiteten haben wir alle Einkommensbeträge zu rechnen, die dem Einzelnen von anderen Volksangehörigen überwiesen werden, ohne dabei neu produziert zu werden. Es sind dies Darlehenszinsen zu konsumtiven Zwecken, wozu auch die Wohnungsmieten gehören, Erbschaften, Schenkungen, Lotteriegewinne, Nutzgewährungen aus öffentlichem Vermögen usw. Die zuletzt genannten Einkommensarten sind in den Ergebnissen der bestehenden Einkommensteuern meist nicht enthalten, da diese Einkommen entweder sehr unregelmäßig sind und deshalb vielfach von besonderen Steuern getroffen werden oder weil sie sich überhaupt nicht messen lassen, wie die „Nutzgewährungen aus öffentlichem Vermögen": Straßenbenutzung, Rechtsschutz, Benutzung von Verkehrseinrichtungen, deren Leistungen dem Einzelnen bedeutend billiger zu stehen kommen, als wenn er sie sich auf andere Weise beschaffen müßte, usw. Die Einkommen aus verliehenem Kapital und vermieteten Räumen („Konsumtionskapital") sind von den Einkommen aus Produktivkapital nur schwer zu trennen. Dieser letzte Unterschied spielt jedoch weniger bei der Feststellung des subjektiven Volkseinkommens als bei der Ermittelung des objektiven Volkseinkommens eine Rolle.

2. Das objektive Volkseinkommen.

Unseren zweiten Volkseinkommensbegriff, das objektive Volkseinkommen, erklärt Lexis folgendermaßen: „Um aus der Summe der Einzeleinkommen das objektive Volkseinkommen zu erhalten, ist die Summe der abgeleiteten Einkommen abzuziehen, also der Gesamtbetrag der Zinsen für unproduktive Schulden, der Wohnungsmieten, der Spielgewinne usw. Dagegen müßte nicht nur der Wert der jährlich neu erbauten Wohnhäuser, sondern auch der aller anderen neu in Gebrauch genommenen dauerhaften Konsumtionsgüter hinzugerechnet werden. Man erhält dann also das gesamte Einkommen aus der nationalen Produktion mit Einschluß der Dienstleistungen." Hierbei sind also auch alle Bestandteile inbegriffen, die Roscher allgemein als „Einnahmen" bezeichnet, da er ebenso wie Cohn, Wagner und andere die unregelmäßigen Einnahmen nicht zum „Einkommen" rechnet. Es ist aber nur eine Forderung der Folgerichtigkeit, wenn wir alle Vermögenszugänge ohne Rücksicht auf ihre regelmäßige oder unregelmäßige Wiederkehr als Einkommen ansehen. Guth will sogar die einzelnen Einnahmen noch auf die Quelle hin ansehen, aus der sie stammen, bevor er sie zum Einkommen rechnet oder nicht. Doch scheint uns dieses Moment noch weniger der Beachtung wert.[1] Dagegen sollen Schuldzinsen und nach Schanz auch alle Vermögensverluste (im Gegensatz zum Vermögenszuwachs durch Erbschaften usw.) bei der Ermittlung des Einkommens abgezogen werden.[2]

3. Das reine Volkseinkommen und der Volksverbrauch.

Das objektive Volkseinkommen kann, wie jedes Einzeleinkommen, wieder verbraucht werden, ohne den anfänglichen Vermögenszustand des Volkes zu verändern. Was jedoch davon während eines Jahres nicht verbraucht worden ist, wird aufgespeichert, dient also zur Vermehrung des Volksvermögens. Da sich der jährliche Zuwachs des Volksvermögens leicht bestimmen läßt, sobald wir für zwei aufeinander folgende Jahre den Wert des Volksvermögens kennen, so ist uns auch die Möglichkeit gegeben, die Wertsumme der jährlich von einem Volke zur Bedürfnisbefriedigung verbrauchten Güter zu berechnen. Wir erhalten diese Konsumtionssumme, den „Volksverbrauch", dadurch, daß wir von dem objektiven Volkseinkommen den jährlichen Zuwachs an Volksvermögen abziehen. In dieser Summe ist dann enthalten:

1. Der Wert der jährlich verbrauchten sachlichen Güter, die hauptsächlich zur Erhaltung des Volkes dienen, wie Nahrung, Kleidung, Wohnungsmieten usw.

2. Der Wert der Dienstleistungen für persönliche Zwecke, z. B. die Tätigkeit des Arztes, Lehrers, der häuslichen Dienstboten usw. Die produktiven Dienstleistungen dagegen, Tätigkeit des Arbeiters, der Angestellten in Industrie und Landwirtschaft usw., kommen in der „Veredelung" der Produkte zum Ausdruck und dienen dadurch zur Erhöhung des Sachgüterwertes. Sie finden sich also entweder in der Summe der verbrauchten Sachgüter wieder oder in der Zunahme des Volksvermögens, das ebenfalls nur sachliche Werte

---

[1] Zahlreiche Beispiele für die Belanglosigkeit der beiden Momente „Regelmäßigkeit" und „Quelle" für die Einkommensbegriffsbestimmung siehe Schanz, a. a. O., S. 25—26.

[2] Über die zum Teil recht verschiedenartige Berücksichtigung der einzelnen Einkommensteile in den deutschen Steuergesetzen vgl. Schanz, a. a. O., S. 34ff. (Naturaleinkommen, Nutzungen), S. 42ff. (Wertmehrungen, Wertminderungen, Konjunkturengewinne, Vermögensverluste) und S. 72ff. (Erbschaften, Legate, Schenkungen, Lebensversicherungskapitalien).

enthält. In folgender Übersicht soll die Entstehung und Verwendung des Volkseinkommens einmal im Bilde dargestellt werden. Das mittlere Feld entspricht dem Sammelbecken („Bassin"), in welches nach Schanz[1] alle Einkommen gesammelt und von da aus wieder verteilt werden.

Fundiertes Volkseinkommen	**Rente aller sachlichen (immobilen und mobilen) Werte**	**Objektives Volkseinkommen**	**Vermehrung des Volksvermögens**	
Unfundiertes Volkseinkommen	**Produktive Dienstleistungen**		**Sachgüterverbrauch**	**Volksverbrauch**
	Persönliche Dienstleistungen		**Persönliche Dienstleistungen**	

c) Erklärung des Begriffes Volkswohlstand.

In vielen statistischen Arbeiten bedeutet „Volkswohlstand" dasselbe wie Volksvermögen.[2] Wir wollen jedoch diese beiden Begriffe streng von einander unterscheiden. Die theoretische Nationalökonomie versteht unter Volkswohlstand das mehr oder weniger günstige Verhältnis zwischen den Bedürfnissen eines Volkes und den materiellen Mitteln, die zu ihrer Befriedigung zur Verfügung stehen. Der Volkswohlstand ist also ein relativer Begriff und kann infolgedessen nicht durch eine Wertsumme ausgedrückt werden. Es ist deshalb schon mehrfach versucht worden, eine relative Größe zur Beurteilung des Volkswohlstandes zu finden. So betrachtet man das ermittelte Volkseinkommen als Rente des gleichzeitig festgestellten Volksvermögens und glaubt in dem Quotienten von Volkseinkommen und Volksvermögen, der auch mit „Volksrente"[3] bezeichnet wird, einen Maßstab für das Wohlergehen des Volkes gefunden zu haben. Dabei wird aber erstens die Größe der Bevölkerung ganz außer acht gelassen, die sich in diese Rente zu teilen hat, zweitens wird übersehen, daß die so berechnete Zahl gerade kleiner wird, wenn der Wert des Volksvermögens steigt und umgekehrt. Will man dennoch einen zahlenmäßigen Ausdruck für den Wohlstand eines ganzen Volkes haben, so kommt nur das Verhältnis des objektiven Volkseinkommens zum Volksverbrauch in Frage, da hier wirklich der Bedarf eines Volkes mit den zu seiner Deckung vorhandenen Mitteln verglichen wird. Diese „Wohlstandsziffer", wie wir sie nennen wollen, wird bei steigendem Einkommen wachsen und geringer werden, wenn die Ausgaben und die Anforderungen an das Leben sich mehren. Außerdem kommen in dieser Zahl auch eine Reihe von Umständen zur Geltung, die sonst

[1] A. a. O., S. 27—28.
[2] Z. B. bei Schott.
[3] Bei Losch, a. a. O., S. 21, bei Fellner, a. a. O. (Bulletin), S. 148.

nirgends einen zahlenmäßigen Ausdruck finden. Wir wissen, daß derselbe Einkommensbetrag unter verschiedenen Bedingungen bald einen größeren, bald einen geringeren Wert für den Empfänger hat, daß politische Verhältnisse die Gestaltung des Rechts und des Verkehrswesens, ferner Klima, Rasseneigentümlichkeiten usw. mit berücksichtigt werden müssen, ehe man ein Einkommen hoch oder niedrig nennen kann. Die ungünstige Lage des einzelnen Einkommensempfängers nach dieser Richtung kommt aber in den erhöhten Kosten für seine Lebenshaltung, in der Verbrauchsziffer, zum Ausdruck. Somit wird unsere Wohlstandsziffer kleiner, wenn ein ganzes Volk unter ungünstigen äußeren Bedingungen lebt, größer, wenn die Lebensbedingungen besser sind. Dies ist besonders wichtig für den Vergleich des Wohlstandes verschiedener Länder. Allerdings ist hierzu erst die Wohlstandsziffer für eine Reihe von Ländern auf einer möglichst ähnlichen Grundlage zu ermitteln. Diese Aufgabe dürfte aber in Ländern mit einer Personaleinkommensteuer nicht allzuschwer zu lösen sein.

Wie wenig einheitlich die Auffassung über den Begriff „Volkswohlstand" ist, zeigt auch der Vorschlag von Emminghaus, der eine „eingehende Beschreibung des Volkswohlstandes" dadurch zu geben sucht, daß er einzelne wirtschaftlich interessante Gegenstände nebeneinander behandelt.[2] Dieselbe Auffassung finden wir auch bei Helfferich, der in seinem Buche über den „Volkswohlstand in Deutschland" einen Abschnitt über Bevölkerung, Technik und Organisation, einen anderen über Produktion, Verkehr und Konsum, und einen dritten über das Volkseinkommen und Volksvermögen bringt. Auch Juraschek behandelt die verschiedenen für die Beurteilung des Volkswohlstandes eines Landes wesentlichen Erscheinungen nebeneinander. Er teilt sie dabei in „primäre, sekundäre und reflektorische Symptome" ein. In einem neueren Aufsatze wird ebenfalls eine Gruppierung statistischer Ergebnisse durch Unterscheidung „produktiver Kräfte, konsumtiver Kräfte und Bestandsziffern" versucht.[1] Für das Königreich Sachsen findet sich für die Zeit bis 1889 eine Zusammenstellung von „Kennzeichen des Volkswohlstandes" nebst bildlicher Darstellung und Erläuterung in der amtlichen Statistik.[3]

Für unsere Untersuchungen kommen alle diese Sammlungen von volkswirtschaftlichen Einzelheiten nicht in Betracht, da es unsere Hauptaufgabe ist, einen einheitlichen, zahlenmäßigen Ausdruck für die vorhandenen Gütermassen, den Güterzugang, den Güterverbrauch und den Volkswohlstand zu finden; erst in zweiter Linie haben wir auf die Verteilung der Gütermassen, ihren Einfluß auf die Lebenshaltung der Bevölkerung und auf die Ursachen des Volkswohlstandes Rücksicht zu nehmen.

---

[1] Bei Losch, a. a. O., S. 55.

[2] W. Babson, a. a. O.: „Indices of producing powers, consuming powers, present assets."

[3] Zeitschrift des Kgl. Sächs. Stat. Landesamtes 1890, S. 45—50.

II. Praktischer (Besonderer) Teil.

Erster Abschnitt.

Die statistischen Unterlagen für eine Berechnung des sächsischen Volksvermögens und Volkseinkommens.

Eine direkte Erhebung des Volksvermögens findet nur in den Vereinigten Staaten von Amerika, eine direkte Ermittlung des Volkseinkommens nirgends statt. Wir sind also auch in Sachsen auf das statistische Material angewiesen, das verschiedenen anderen Zwecken dient und dessen Brauchbarkeit für unsere Aufgabe wir erst untersuchen müssen. Hierfür kommen in Betracht:

1. die staatliche Grundsteuer,
2. die Ergebnisse der Einschätzungen zur Personaleinkommensteuer,
3. die Ergebnisse der Einschätzungen zur Ergänzungssteuer,
4. die Versicherungssummen der staatlichen Immobiliarbrandzwangsversicherung,
5. die Versicherungssummen der Mobiliarfeuerversicherung,
6. Angaben über den Wert des unbeweglichen und beweglichen Staatsvermögens und über die Staatsschulden,
7. Angaben in den Verwaltungsberichten mehrerer Städte.

1. Die staatliche Grundsteuer.

Die sächsische Grundsteuer wurde durch das Gesetz vom 9. Sept. 1843 eingeführt und nochmals durch Gesetz vom 3. Juli 1878 geordnet. Ihr unterliegen alle Gebäude, Hofräume, Gärten, Äcker, Wiesen, Weiden, Waldungen, Weinberge, Oberflächen der Steinbrüche, Sand-, Lehm-, Ton- usw. Gruben, Torfstiche, Stein- und Braunkohlengruben sowie Teiche und nutzbare Gewässer. Von der Steuer ausgeschlossen sind nur Grundstücke und Gebäude des Reiches und des sächsischen Staates und der Landesschulen Meißen und Grimma, Kirchen und dem öffentlichen Gottesdienst gewidmete Gebäude, Friedhöfe, Marktplätze, öffentliche Straßen, Fahr- und Fußwege, ertragsunfähige Flächen, Bäche und Sümpfe. Die Grundsteuer liefert uns jedoch keine direkten Wertangaben, da die Auflegung der Steuer nach „Grundsteuereinheiten" erfolgt. (s. Tabelle 3). Es wird also alles darauf ankommen, den durchschnittlichen Wert einer solchen Grundsteuereinheit für das ganze Land oder Teile desselben für ein bestimmtes Jahr festzustellen. Laut Gesetz soll die einem Grundstücke einmal aufgelegte Zahl von Einheiten für immer unveränderlich bleiben, auch wenn sich der Wert der Grundstücke vergrößert oder verringert. Die Einheiten haften demnach auf einem Grundstücke ähnlich wie eine Reallast. Nur einzelne Vorkommnisse bedingen eine Neuauflegung von Steuereinheiten: Teilungen und Zusammenlegungen, ferner die Errichtung von Bauten auf bisher nicht als Baustelle benützten Grundstücken. Hierbei wird aber stets zur Vermeidung von Ungerechtigkeiten gegenüber den unverändert gebliebenen Grundstücken ein auf das Jahr 1843 (Jahr der Einführung der Grundsteuer) reduzierter Wert zugrunde gelegt.[1] Alle anderen Veränderungen in der Benutzung von Grundstücken, z. B. der Übergang zu einem intensiveren landwirtschaftlichen Betriebssysteme, der Einbau von ertragsfähigeren Läden in Wohnhäusern usw. bleiben unberücksichtigt.

Ursprünglich sollte eine Steuereinheit einem Ertrage von einer Mark gleichkommen, d. h. einem Bodenwert von etwa 25 Mark. Seitdem hat sich jedoch der durchschnittliche Wert einer Einheit, wie zahlreiche Einzelberechnungen bei Grundstücksverkäufen usw. ergeben, sehr verändert, aber nirgends in derselben Weise. So kommt es, daß heute der Wert einer solchen Einheit in dem einen Orte 50 Mark beträgt und an einem anderen Orte 300 Mark übersteigt. Bisher ist nur ein einziges Mal versucht worden, den durchschnittlichen Zeitwert einer Grundsteuereinheit für ganz Sachsen zu berechnen. Nach einem Aufsatze in der Zeitschrift des Kgl. Sächs. Stat. Landesamtes von Regierungsrat Steglich soll dieser Durchschnittswert damals (1890) „nahe an 75 Mark herangekommen" sein. Wir werden weiter unten auf Grund von Vergleichen mit den Ergebnissen der Einkommensteuer zeigen, daß dieser Betrag noch etwas höher angenommen werden muß. Der Weg, den Steglich einschlägt, um sein Ziel zu erreichen, hat verschiedene Mängel. Die einzelnen Grundstücksveräußerungen, welche er zugrunde legt, verteilen sich auf eine längere Reihe von Jahren, die Anzahl der Fälle im Verhältnis zur Gesamtzahl aller Grundstücke des Landes ist sehr gering. Auch bedingen die verschiedenen Ursachen der Grundstücksveräußerungen: freiwillige Veräußerung, Zwangsenteignung, Schenkung, Erbschaft usw. sehr voneinander abweichende Preise. Unserer Meinung nach läßt sich auf diese Weise überhaupt kein einheitliches Bild von dem Wert des gesamten Bodenbesitzes gewinnen. Am allerwenigsten läßt sich die jährliche Wertveränderung auf diese Weise verfolgen. Dennoch haben diese Einzeluntersuchungen für uns die größte Bedeutung, weil sich aus ihnen wertvolle Anhaltspunkte für eine Berechnung des Bodenwertes auf Grund der Einkommensteuerergebnisse gewinnen lassen.

---

[1] Diesen Hinweis verdanken wir Herrn Obersteuerinspektor Frenzel in Leipzig.

2. Die Ergebnisse der Einschätzungen zur Personaleinkommensteuer.

Die Einkommensteuer wurde in Sachsen durch Gesetz vom 22. Okt. 1874 eingeführt. Abgesehen von einigen Befreiungen, die das Gesetz erlaubt, trifft die Steuer alle Einkommen der physischen und juristischen Personen über 400 Mark. Bis 1894 ging die untere Grenze bis auf 300 Mark herab. Für unsere Betrachtungen kommt hauptsächlich das Einkommen der physischen Personen in Frage, da der größere Teil des Einkommens der juristischen Personen von der Steuer nochmals als Einkommen physischer Personen getroffen wird. Nur die als Reservefonds usw. zurückgelegten Kapitalien kommen nur einmal zur Versteuerung. Sehr wertvoll für unsere Untersuchungen ist die Trennung der eingeschätzten Einkommen in folgende Gruppen (vergl. Tabelle 4):

1. Einkommen aus Grundbesitz,
2. Einkommen aus Renten, Zinsen, Dividenden usw.,
3. Einkommen aus Löhnen, Gehältern usw.,
4. Einkommen aus Handel und Gewerbe.

Diese Einteilung hat jedoch eine Reihe von Mängeln. Die erste Gruppe vermischt städtischen und ländlichen Grundbesitz und enthält überhaupt nicht das gesamte Einkommen aus Grundbesitz, da beträchtliche Teile davon in der 4. Gruppe enthalten sind. Das Gesetz erlaubt nämlich aus praktischen Gründen, daß der Ertrag des einem Handels- und Gewerbebetrieb und einem Landwirtschaftsbetrieb auf fremden Grundstücken dienenden immobilen Anlage- und Betriebskapitals unter das Einkommen aus Handel und Gewerbe gerechnet wird. Auch das Einkommen aus Renten, Dividenden von Aktiengesellschaften usw. enthält Einkommen aus Grundbesitz, da die Überschüsse der Aktiengesellschaften, Bergwerke und anderer Unternehmungen doch auch einen Ertrag von dem dort in Immobilien angelegten Kapitalien enthalten muß. Wir werden später versuchen, das gesamte Grundeinkommen unter Berücksichtigung aller dieser nicht als „Einkommen aus Grundbesitz" bezeichneten Teile annähernd zu bestimmen, um von hier aus einen Schluß auf den Wert des sächsischen Immobiliarbesitzes ziehen zu können.

In ähnlicher Weise wie zur Ermittlung des unbeweglichen Volksvermögens dient uns die Einkommensteuer auch zur Schätzung des beweglichen Volksvermögens, dessen Erträge ebenfalls in dem „Einkommen aus Handel und Gewerbe" sowie in dem „Einkommen aus Renten usw." enthalten sind.

Für eine Schätzung des Volkseinkommens bietet uns von allen Materialien die Einkommensteuer die einzige Grundlage.

3. Die Ergebnisse der Einschätzung zur Ergänzungssteuer.

Der Ergänzungssteuer, die erst im Jahre 1904 zur Einführung gelangte, unterliegt das gesamte von der Grundsteuer nicht getroffene

Vermögen mit Ausnahme von Möbeln, Hausrat und anderen beweglichen körperlichen Sachen, insofern sie nicht als Bestandteile eines gewerblichen Zwecken dienenden Anlage- und Betriebskapitals anzusehen sind. Bei ihrer Einführung wurde als Mindestbetrag der überhaupt für die Steuer heranzuziehenden Vermögen 10000 Mark bestimmt, im Jahre 1907 wurde diese Grenze auf 12000 Mark hinaufgerückt. Durch diese Freilassung der vielen Vermögen bis 12000 Mark wird ein großer Teil des sächsischen Volksvermögens durch die Ergänzungssteuer nicht erfaßt, wodurch die Steuern für eine Schätzung des sächsischen Volksvermögens sehr an Bedeutung verliert. Die Vergleichbarkeit der Ergebnisse vor und nach 1907 wird auch dadurch herabgesetzt, daß bis dahin das landwirtschaftliche Anlage- und Betriebskapital von der Steuer befreit war. In den Einschätzungsergebnissen wird das ergänzungssteuerpflichtige Vermögen in folgende drei Gruppen eingeteilt (vgl. Tabelle 5):

1. Grundvermögen, soweit dies nicht von der Grundsteuer getroffen wird, also Kohlenbergbaurechte, Wehr- und Stauanlagen, Wasserleitungen, Blitzableitungen, Bahngleise, Brücken, Uferbauten, Brunnen- und Schleusenanlagen, Einfriedigungen usw.;
2. Anlage- und Betriebskapital, insbesondere Wasserkräfte, Dampfkessel, Maschinen, Werkzeuge, Tiere und sonstige Betriebsmittel, Vorräte von Roh- und Hilfsstoffen, Brennmaterialien, zum Verkauf bestimmten Waren, durch laufende Jahreseinkünfte vorhandene Geldvorräte, Außenstände, Patentrechte usw.;
3. Sonstiges Kapitalvermögen.

Auch hier erscheint vielfach Grundvermögen als Anlage- und Betriebskapital, z. B. der Wert eines Kohlenlagers, wenn der Eigentümer den Abbau selbst in die Hand genommen hat, während derselbe Gegenstand als „Grundvermögen" angegeben wird, wenn der Betreffende den Abbau einem Pächter überläßt oder das Lager liegen läßt.[1] Im übrigen bleibt das „Grundvermögen" der Ergänzungssteuer an Bedeutung sehr weit hinter den anderen beiden Gruppen, dem „Anlage- und Betriebskapital" und dem „Sonstigen Kapitalvermögen" zurück.

4. Die Versicherungssummen der staatlichen Immobiliarbrandzwangsversicherung.

In der sächsischen Landesbrandversicherung müssen alle Gebäude mit wenigen Ausnahmen versichert werden. Durch den hierbei bestehenden Zwang wird tatsächlich eine gewisse Vollständigkeit erreicht, doch handelt es sich eben nur, dem Zwecke der Versicherung entsprechend, um verbrennbare Gegenstände. Der Wert des unbebauten Grund und Bodens, wie auch der Wert der Baustellen, auf welchen die Gebäude errichtet sind, ist nicht in der Versicherungs-

[1] Vgl. hierüber Zeitschrift des Kgl. Sächs. Stat. Landesamts 1906, S. 42.

summe (Tabelle 6, Sp. 2) enthalten. Nicht zum Ausdruck kommt außerdem in der Versicherungssumme der von der Lage eines Gebäudes abhängige Wert. Nur der den Herstellungskosten entsprechende Wert des Hauses ist versichert. Die Feuerversicherungssumme bietet infolgedessen kaum einen sicheren Maßstab zur Ermittelung des Wertes von Grund und Boden. Wir können sie nur zu Vergleichen heranziehen.

5. Die Versicherungssummen der Mobiliarfeuerversicherung.

Die Zahlen der Mobiliarfeuerversicherung (Tabelle 6, Sp. 3) umfassen die bei privaten Feuerversicherungsgesellschaften und Gegenseitigkeitsvereinen versicherten mobilen Werte. Es ist wohl anzunehmen, daß der Gedanke, gefährdete Gegenstände, Möbel, Erntevorräte, Vieh usw. gegen Feuer zu versichern, im Verlauf der letzten Jahrzehnte immer mehr an Boden gewonnen hat. Da jedoch keinerlei Zwang zur Versicherung besteht, kann die Mobiliarversicherungssumme niemals ein vollständiges Bild von den wirklich vorhandenen mobilen Werten geben.

6. Angaben über den Wert des unbeweglichen und beweglichen Staatsvermögens und über die Staatsschulden.

In den Veröffentlichungen des Kgl. Sächs. Stat. Landesamtes ist für jede Finanzperiode der Wert des unbeweglichen und beweglichen Staatsvermögens angegeben. In dem beweglichen Staatsvermögen sind die Kassenbestände, Außenstände, Naturalvorräte und Gebrauchsgegenstände enthalten. Ebenso sind für dieselben Finanzperioden die Summen der umlaufenden Staatsschulden festgestellt (Tabelle 7).

7. Angaben in den Verwaltungsberichten mehrerer Städte.

Den Verwaltungsberichten der Städte, welche eine städtische Grundsteuer haben, können wir Angaben über den Wert oder Ertrag sämtlicher Grundstücke der Stadt entnehmen und gleichzeitig die Anzahl der in den betreffenden Jahren dem gesamten städtischen Grundbesitz auferlegten staatlichen Grundsteuereinheiten. Diese Angaben sind geeignet, den Durchschnittswert einer Steuereinheit in der betreffenden Stadt für eine Anzahl von Jahren zu ermitteln.

Zweiter Abschnitt.

Die Berechnung des unbeweglichen sächsischen Volksvermögens.

a) Die Grundlagen der Berechnung.

Wir haben schon im vorigen Abschnitt dargelegt, aus welchen Gründen wir auf der sächsischen Grundsteuer allein keine Wertermittelung des sächsischen Grund- und Gebäudebesitzes aufbauen können. Wäre uns der durchschnittliche Wert einer Grundsteuereinheit für die einzelnen Jahre bekannt, so könnten wir daraus nicht nur für die Gegenwart eine zuverlässige Wertsumme ermitteln, sondern wir würden auch die Veränderungen des Bodenwertes seit der Einführung der Grundsteuer genau verfolgen können. So müssen wir den umgekehrten Weg einschlagen und mit Hilfe der Einkommensteuer, die sich trotz vieler Mängel für unsere Zwecke als brauchbarer erweist, den Wert des sächsischen Grund- und Gebäudebesitzes feststellen und daraus zurückschließen auf den durchschnittlichen Wert einer Grundsteuereinheit. Aus anderen Erwägungen, die nebenher anzustellen sind, werden wir dann ersehen, ob die so erhaltenen Durchschnittswerte mit den Ergebnissen dieser Untersuchungen in Einklang zu bringen sind.

Auch die Einkommensteuer liefert uns die Grundlagen für unsere Berechnungen nicht direkt. Wir müssen erst eine Reihe von Annahmen machen, die für den ersten Augenblick willkürlich erscheinen mögen. Wenn wir jedoch uns der Ungenauigkeit, die dadurch in unsere Berechnung hineinkommt, stets bewußt bleiben und uns vor zu weit gehenden Folgerungen hüten, wird es uns auf diesem Wege gelingen, eine befriedigende Lösung unserer Aufgabe zu finden.

Aus unserer Betrachtung der Einkommensteuer ist uns schon bekannt, daß die Gruppe „Einkommen aus Handel und Gewerbe" zum großen Teil Einkommen aus Grundbesitz enthält. Das übrige „Einkommen aus Handel und Gewerbe" wird dann einen ähnlichen Anteil in sich schließen, der als „Verzinsung des (mobilen) Anlage- und Betriebskapitals" angesehen werden muß, und als dritter Anteil muß die Vergütung für die Arbeitsleistung und ein gewisser Unternehmergewinn für den Empfänger des „Einkommens aus Handel und Gewerbe" in diesem Sammelposten angenommen werden. Wollen wir nun auf irgendeine Weise auf diese Zusammensetzung Rücksicht nehmen, die niemals genauer statistisch erfaßt werden kann, so ist es das einfachste, wenn wir jedem der drei Anteile ein Drittel des „Einkommens aus Handel und Gewerbe" zuweisen. Dieses Verfahren ist völlig hinreichend, um eine **annähernde** Vorstellung von dem Wert des gesamten Einkommens aus Grundbesitz oder des gesamten Einkommens aus Arbeit (Löhnen) zu gewinnen, da diese Anteile ja nur dem schon durch die Einkommensteuerergebnisse besonders nachgewiesenen „Einkommen aus Grundbesitz" und dem „Einkommen aus Löhnen" hinzuzufügen sind. Dadurch kommen wir aber der Wirklichkeit entschieden näher, als wenn wir diese Zuschläge völlig außer acht lassen würden. Etwas Unsicherheit bleibt nur bei dem einen Drittel bestehen, das wir als „Verzinsung des mobilen Kapitals" ansprechen müssen, da wir dieses nicht als Zuschlag zu einer anderen, größeren Summe verwenden können, sondern als Hauptposten zur Gewinnung einer Zahlengröße für das mobile Kapital in die Rechnung einstellen müssen. Ein wesentlicher Fehler für die Schätzung des gesamten Volksvermögens kann aber auch hieraus nicht entstehen, da es sich bei unserem Verfahren immer nur um Teile von Summen handelt, die statistisch genau ermittelt sind. Hierdurch wird aber unsere Methode wesentlich zuverlässiger, als die Arbeiten vieler namhafter Statistiker, die mit gänzlich unsicheren Annahmen, Verdoppelung der Wertsummen usw. rechnen mußten.

Eine weitere Schwierigkeit bereitet uns die Gruppe „Einkommen aus Renten, Zinsen usw.“. Wir haben hauptsächlich zu fragen, ob wir hierin die Verzinsung irgendwelchen immobilen oder mobilen Kapitals, also von Teilen des Volksvermögens, zu erblicken haben. Ein bedeutender Teil dieser Zinsen sind Dividenden von Aktiengesellschaften und Anteile anderer Gesellschaften. Obwohl nun diese Werte den in diesen Unternehmungen angelegten Kapitalien entstammen, so haben wir sie dennoch unberücksichtigt gelassen, weil alle Gewinnanteile, die von den Gesellschaften ausgezahlt werden, schon einmal als Einkommen der Gesellschaft versteuert worden sind. Die Werte, die wir bei dem „Einkommen aus Renten“ unberücksichtigt lassen, sind also in dem „Einkommen aus Grundbesitz“ und „aus Handel und Gewerbe“ schon enthalten. Eine andere Art des „Einkommens aus Renten“ sind Sparkassenzinsen, Schuldzinsen u. dgl. Auch diese Teile erfordern keine besondere Berücksichtigung, da die Schuldzinsen bei der Veranlagung zur Einkommensteuer auch vom Schuldner stets besonders aufgeführt werden müssen und erst in Abzug gebracht werden, nachdem alle übrigen Einkommensteile voll nachgewiesen sind. Da wir bei unseren Berechnungen die unverkürzten Einkommenssummen verwenden, so sind die Erträge aller immobilen und mobilen Werte, auch wenn diese schließlich durch die Bezahlung von Schuldzinsen geschmälert werden, vollständig in unseren Zahlen enthalten. Wir haben also auch diesen Teil des „Einkommens aus Renten“ außer acht zu lassen. Schließlich können wir dies auch noch mit den Zinsen von Staatspapieren usw. tun, da wir den Wert des Staatsvermögens besonders in unsere Berechnung stellen werden. Die ganze Gruppe „Einkommen aus Renten“, die kleinste unter den vier Gruppen, bleibt somit bei unserer Berechnung des Volksvermögens gänzlich außer Betracht.

b) Die Ermittelung des besteuerten immobilen Volksvermögens.

Nachdem wir als Ausgangspunkt für unsere weitere Berechnung gefunden haben, daß das „Einkommen aus Grundbesitz“ und ein Drittel des „Einkommens aus Handel und Gewerbe“ als die Rente anzusehen ist, welche das immobile Volksvermögen jährlich abwirft, haben wir jetzt weiter zu fragen, welchen Zinsfuß wir anwenden müssen, um von dem Ertrage auf den Wert des Grundvermögens zu schließen. Der bei derartigen Berechnungen häufig gebrauchte Zinsfuß von 4 % erscheint uns in vorliegendem Fall nicht anwendbar, da er viel zu hohe Werte ergeben würde. Wir glauben mit Hilfe eines Zinsfußes von 5 % wesentlich zutreffendere Zahlen zu erhalten, was wir durch folgende Untersuchung zeigen wollen:

Den Verwaltungsberichten einiger sächsischer Städte, welche eine städtische Grundsteuer erheben, Dresden, Leipzig, Chemnitz und Freiberg, entnehmen wir Angaben über den Wert des städtischen Grund- und Gebäudebesitzes. Gleichzeitig ist uns die Anzahl der Grundsteuereinheiten der staatlichen Grundsteuer, mit denen das Stadtgebiet belegt ist, für die einzelnen Jahre bekannt. Hieraus lassen sich nun die Durchschnittswerte einer Steuereinheit für die betreffenden Städte berechnen (s. Tabelle 8, Sp. 2—5). Da die Methoden zur Einschätzung des Grundwertes in den einzelnen Städten sehr verschieden sind, und selbst in einer Stadt nicht immer dieselben gewesen sind, erhalten wir notwendigerweise sehr voneinander abweichende, untereinander nicht vergleichbare Zahlen. Dennoch läßt sich aus den Zahlen folgendes ersehen: Die Höhe der Durchschnittswerte ist unabhängig davon, ob wir es mit städtischen oder ländlichen Bezirken zu tun haben, sonst könnte Leipzig nicht die niedrigsten Durchschnittswerte aufweisen und Freiberg nicht ganz ähnliche Werte wie Dresden bei nahezu gleichem Anteil der bebauten an der Gesamtfläche (etwa 40 $^0/_0$) erreichen. Auch läßt sich ein Einfluß der Einverleibung von Vororten, die häufig zum großen Teil aus ländlichen Grundstücken bestehen, auf die Durchschnittswerte nicht nachweisen. Wir können daher annehmen, daß der Durchschnittswert einer Grundsteuereinheit im ganzen Lande sich in denselben Grenzen bewegt, die wir für die untersuchten Orte gefunden haben, nämlich von 1890 bis 1900 zwischen 70 und 140 Mark für die Einheit, von 1900 bis 1910 zwischen 80 und 160 Mark. Wenn wir nun bei unserer Aufgabe, den Ertrag des Grundbesitzes zu kapitalisieren, den Zinsfuß von 5 $^0/_0$ zugrunde legen, erhalten wir nicht nur für das ganze Königreich und die einzelnen Bezirke ganz ähnliche Durchschnittswerte, sondern es zeigt sich auch eine auffallende Übereinstimmung der Zahlen für die einzelnen Bezirke mit den Werten, die wir für die Städte der betreffenden Bezirke gefunden haben (vgl. Tabelle 8, Sp. 6 bis 11 und Bild 1). Die niedrigsten Werte ergeben sich für die Stadt und den Bezirk Leipzig, die höchsten für die Stadt Chemnitz und die Bezirke Chemnitz und Zwickau, während sich die Werte für die Städte Dresden und Freiberg, für die Bezirke Dresden und Bautzen wie auch der Landesdurchschnitt in der Mitte bewegen. Die Ursache für das Abweichen der Zahlen für Leipzig nach der einen und Chemnitz nach der anderen Richtung ist hauptsächlich in der ungleichmäßigen Auflegung der Steuereinheiten zu erblicken, wie schon eine kurze Betrachtung der absoluten Zahlen für Leipzig (28 Millionen), Dresden (18 Millionen) und Chemnitz (6 Millionen) lehrt, die in keinem Verhältnis zur Größe dieser Städte stehen. Bestände dieses Mißverhältnis nicht, so würden sowohl die für die Städte berechneten Zahlen wie auch die mit Hilfe des 5 $^0/_0$igen Zinsfußes ermittelten Zahlen für die Bezirke einem gemeinsamen Mittel (etwa dem berechneten Landesdurchschnitt) näher kommen, während bei der Anwendung eines 4 $^0/_0$igen Zinsfußes sich die Zahlen für die Bezirke sämtlich größer als die Zahlen für die vier untersuchten Orte herausstellen würden.

Unter Zugrundelegung des 5 %igen Zinsfußes erhalten wir nunmehr für Sachsen ein Grund- und Gebäudekapital von 6,80 Milliarden für das Jahr 1880 und 14,61 Milliarden für 1911.

c) Vervollständigung der bisherigen Ergebnisse.

In den bisher ermittelten Zahlen ist der Wert aller Grundstücke und Gebäude, die nicht zur Besteuerung herangezogen werden, noch nicht enthalten. Die dem sächsischen Staate gehörigen Immobilien sind durch die Statistik genau nachgewiesen. Es sind für 1880/81 0,79 Milliarden, für 1910/11 1,48 Milliarden. Nicht genau zu ermitteln sind jedoch alle anderen, nicht dem sächsischen Staate gehörigen, unversteuerten oder ertragslosen Gebäude und Flächen, wie Post- und Militärgebäude, Telegraphenanlagen, Bahnhöfe auswärtiger Verwaltungen, Kirchen, Friedhöfe, Marktplätze, öffentliche Straßen, Parkanlagen, der Besitz der „toten Hand“ und ähnliche Baulichkeiten und Grundstücke, schließlich auch diejenigen Besitzungen, deren Erträge Teile eines Einkommens unter 400 Mark sind, da diese Einkommen in unseren Zahlen nicht vollständig enthalten sind.[1] Es würde einer besonders schwierigen Untersuchung bedürfen, ganz zuverlässige Grundlagen für eine Schätzung dieser Werte zu finden. Wir suchen die fehlenden Wertziffern dadurch zu ersetzen, daß wir der aus der Einkommensteuer berechneten Wertsumme etwa $2^1/_2$ bis 3 Milliarden oder 20 % hinzufügen, um der Wirklichkeit näher zu kommen.[2] Berücksichtigen wir schließlich noch das immobile Vermögen des Staates, so erhalten wir als Wert des gesamten sächsischen Grund- und Gebäudebesitzes etwa 9,0 Milliarden für 1880 und etwa 19,0 Milliarden für 1911.

d) Vergleiche mit anderen statistischen Tatsachen.

Wir haben schon bei der Besprechung der Zahlen, die uns die Landesbrandversicherung bietet, hervorgehoben, daß die Versicherungssummen sehr unzureichend für eine Schätzung des gesamten Immobiliarbesitzes sind. Nicht versichert sind alle Teile, die nicht durch Feuer zerstört werden können, also aller landwirtschaftlich benutzter Boden, der Wert der Baustellen, auf denen die Gebäude errichtet sind oder errichtet werden sollen, Grundmauern und Keller, abgesehen von einigen besonderen Gebäuden, wie Schauspielhäuser, Fabriken entzündlicher Stoffe, Ziegel- und Kalköfen usw. Daher kommt es, daß die Versicherungssummen von 2,79 Milliarden Mark im Jahre 1880 und 8,07 Milliarden in Jahre 1911 so weit hinter den

---

[1] Die Einkommen unter 300 Mark (bis 1894) und unter 400 Mark (seit 1895) werden zwar dem Gesetze nach mit veranschlagt und sind in unseren Zahlen enthalten. Bei dem gänzlichen Mangel an fiskalischem Interesse sind diese Zahlen jedoch, wie auch durch eine besondere Untersuchung in der Zeitschrift des Kgl. Sächs. Stat. Landesamtes gezeigt worden ist, sehr unvollständig.

[2] Die ausführliche Begründung dieses Zuschlages findet sich auf S. 42.

bereits von uns ermittelten Zahlen zurückbleiben. Man könnte versuchen, die Versicherungssummen von den oben berechneten Zahlen für den ganzen Grund- und Gebäudebesitz abzuziehen, um eine Anschauung von dem Werte des bloßen Grund und Bodens ohne Gebäude zu erhalten. Wir kommen dadurch auf etwa $6\,^3/_4$ Milliarden Mark für 1880 und 11 Milliarden Mark für 1911, was einer Wertsteigerung von 60—70 % in 30 Jahren gleichkommt. Doch dürfen wir dieser Berechnung keine allzu große Bedeutung beimessen.

Dritter Abschnitt.

Die Berechnung des beweglichen sächsischen Volksvermögens.

Bei der Ermittelung des mobilen Volksvermögens stehen uns im Gegensatz zu der im vorigen Abschnitt erledigten Aufgabe mehrere Wertsummen direkt zur Verfügung: Die Einschätzungen zur Ergänzungssteuer und die Mobiliarfeuerversicherungssummen. Dennoch weisen diese Zahlen eine Reihe von Mängeln auf, die unsere Aufgabe sehr erschweren. Das „Sonstige Kapitalvermögen" der Ergänzungssteuer kann für uns ebensowenig in Frage kommen, wie das „Renteneinkommen" der Einkommensteuer, da dieses Kapitalvermögen auf Kredit beruhende, fiktive Werte darstellt. Diese Werte haben wir aber bei einer Summierung des Volksvermögens nicht noch einmal mitzuzählen, da sie schon als Grundbesitz oder Anlage- und Betriebskapital erfaßt werden, d. h. als sachliche Werte, in denen Hypothekengläubiger, Spar- und Kreditkassen, der Staat, Aktiengesellschaften usw. das geliehene Geld anlegen. Somit bleibt für unsern Zweck nur das als „Anlage- und Betriebskapital" bezeichnete Vermögen der Ergänzungssteuer. Doch diese Zahl muß hinter der Wirklichkeit ganz beträchtlich zurückbleiben, weil alle Vermögen, die 10000 Mark, seit 1907 sogar 12000 Mark nicht überschreiten, von der Steuer frei bleiben und deshalb nicht statistisch zu erfassen sind. Wir würden diese Zahl ins Ungemessene hinaus verdoppeln oder verdreifachen müssen, wenn wir nicht aus der Einkommensteuer wieder einen einigermaßen verläßlichen Anhaltspunkt für die Höhe dieser Vermögen gewinnen könnten. In ähnlicher Weise, wie wir das „Sonstige Kapitalvermögen" mit dem „Renteneinkommen" vergleichen können,[1] können wir das „Anlage- und Betriebskapital" mit dem „Einkommen aus Handel und Gewerbe" in Beziehung setzen, natürlich nur mit dem Teil, den wir im vorigen Abschnitt als „Verzinsung des mobilen Kapitals" bezeichneten und zu einem Drittel des „Einkommens aus Handel und Gewerbe" angenommen haben. Kapitalisieren wir dieses Ein-

[1] Ein solcher Vergleich findet sich schon in der Zeitschrift des Kgl. Sächs. Stat. Landesamtes 1906, S. 42.

kommen mit demselben Zinsfuß wie oben, mit 5 %, so bekommen wir für 1904, das Jahr der Einführung der Ergänzungssteuer, 4,69 Milliarden Mark, für 1911 6,08 Milliarden mobiles Kapital gegen 2,14 Milliarden und 2,86 Milliarden „Anlage- und Betriebskapital" in der Ergänzungssteuer. Wir haben diesen Unterschied lediglich darauf zurückzuführen, daß bei der hohen Besteuerungsgrenze der größere Teil dieser Vermögen unbesteuert bleibt.

Die Einkommensteuer bietet uns ferner die einzige Möglichkeit, den Wert des Anlage- und Betriebskapitals 30 Jahre zurück zu verfolgen, da die Ergänzungssteuer nur bis 1904 zurückreicht. Für den Vergleich mit unserer Berechnung haben wir aber auch noch die Mobiliarfeuerversicherungssumme. Hierbei zeigt sich, daß die Versicherungssumme, die auch alle nicht in landwirtschaftlichen oder gewerblichen Betrieben angelegten Mobilien, wie Möbel, Hausrat, Luxus- und Kunstgegenstände, Schmucksachen usw. enthält, bedeutend stärker steigt, als der Wert des produktiven Kapitals allein, wohl ein Zeichen dafür, daß der Gedanke, sein Mobiliar zu versichern, im Laufe der Zeit immer mehr an Boden gewonnen hat. Die Mobiliarfeuerversicherungssumme betrug 1880 2,43 Milliarden Mark, 1911 dagegen 8,20 Milliarden. Der Überschuß über die vorhin ermittelten Zahlen für das Produktivkapital ist nicht sehr groß, weil noch bedeutende Teile des mobilen Volksvermögens, namentlich Möbel und andere nicht zu einem Gewerbebetrieb gehörende beweglichen Gegenstände nicht versichert sind. Da es sich bei der Mobiliarfeuerversicherungssumme um keine Zwangsversicherung handelt, machen wir uns wohl keiner Überschätzung schuldig, wenn wir zu der Versicherungssumme wiederum 2 bis $2^1/_2$ Milliarden hinzufügen, um die vorhandene Lücke auszufüllen.[1] Da dieser Zuschlag zu der Feuerversicherungssumme für die früheren Jahre verhältnismäßig größer sein müßte und wir bei der Erhöhung dieses Zuschlages völlig willkürlich zu verfahren hätten, halten wir es für richtiger, zwischen dem produktiven Kapital und dem unproduktiven Kapital ein bestimmtes Verhältnis anzunehmen. Es zeigt sich, daß wir den von uns aus der Einkommensteuer berechneten Werten etwa 75 % hinzufügen müssen, um zu demselben Ergebnis wie oben zu gelangen. Schließlich ist hier noch der Besitz des Staates an mobilen Werten hinzuzufügen, der sich für 1880/81 auf 0,18 Milliarden Mark, für 1911 auf 0,35 Milliarden beläuft. Wir erhalten im ganzen für 1880 4,3 Milliarden, für 1911 11,0 Milliarden mobiles Volksvermögen.

---

[1] **Die vollständige Begründung dieses Zuschlags befindet sich auf S. 43—44.**

Vierter Abschnitt.

Das gesamte sächsische Volksvermögen und seine Entwicklung.

Nach der Ermittelung des unbeweglichen und beweglichen Volksvermögens können wir ohne weiteres den Wert des gesamten sächsischen Volksvermögens angeben. Wir haben

	1880:	1911:	
Unbewegliches Volksvermögen	8,95	19,01	Milliarden
Bewegliches Volksvermögen	4,31	10,99	,,
Gesamtes Volksvermögen.	13,26	30,00	Milliarden

Die Schulden und Forderungen an Inländer heben sich gegenseitig auf, beeinflussen also das vorstehende Ergebnis in keiner Weise. Ebenso werden die Schulden an außersächsische Gläubiger wohl zum größten Teile von den Forderungen an außersächsische Schuldner aufgehoben. Soweit dies nicht der Fall ist, können sie dennoch bei unserer Berechnung keine Berücksichtigung finden, da sich diese Werte statistisch nicht erfassen lassen. Auch die Staatsschulden sind nicht in Abzug zu bringen, da wir die Kapitalforderungen der Gläubiger des Staates schon nicht mitgezählt, uns vielmehr immer nur auf sachliche Werte beschränkt haben. Wir können demnach aussprechen, daß wir in obigen Summen, soweit dies mit unseren Mitteln überhaupt möglich war, der Wirklichkeit annähernd entsprechende Werte für das sächsische Volksvermögen gefunden haben.

Soviel im einzelnen vielleicht an unserer Methode auszusetzen sein mag, durch ihre Einfachheit und Übersichtlichkeit und durch die leichte Beschaffung des zugrunde gelegten Materials bietet sie wie keine andere Methode die Möglichkeit, ohne besondere Schwierigkeiten dieselbe Berechnung für eine lange Reihe von Jahren zurück auszuführen und so die Entwicklung des sächsischen Volksvermögens, sein bald schnelleres, bald langsameres Ansteigen genau zu verfolgen. Die Zahlen für das von uns berechnete Volksvermögen während der letzten 30 Jahre finden sich auf Tabelle 9, Sp. 2—4. Von besonderem Interesse sind für uns die Werte für 1888, da wir aus diesem Jahre die Berechnung des sächsischen Volksvermögens von Sigmund Schott zum Vergleich haben. Die Zahlen der beiden Berechnungen, die auf gänzlich verschiedener Grundlage aufgebaut sind, decken sich nicht vollkommen. Wir haben ein unbewegliches Volksvermögen von 10,39 Milliarden Mark und ein bewegliches Volksvermögen von 5,38 Milliarden festgestellt, während in jener Berechnung nur 8,84 Milliarden und 4,40 Milliarden angegeben sind. Indessen glauben wir kaum, daß unsere Schätzungen zu hoch gegriffen sind, da wir uns im Verlauf unserer ganzen Berechnungen stets vor Überschätzungen zu bewahren gesucht haben. Wahrscheinlicher wäre es, daß selbst unsere Zahlen noch zu niedrig sind. Doch können wir bei der großen Schwierigkeit, die eine Berechnung des Volksvermögens bietet, vollkommen mit der Übereinstimmung der beiden Berechnungen zufrieden sein.

Fünfter Abschnitt.

Die Berechnung des sächsischen Volkseinkommens und seine Entwicklung.

a) Das subjektive Volkseinkommen.

Bei der Erklärung der verschiedenen Einkommensbegriffe haben wir schon erwähnt, daß in den Einschätzungsergebnissen der Einkommensteuer verschiedene Teile des subjektiven Volkseinkommens nicht enthalten sind. Dies sind insbesondere alle abgeleiteten Einkommen bis auf zwei: die Wohnungsmieten, die in dem „Grundeinkommen" mit enthalten sind, und die Zinsen für unproduktive Schulden, die einen Teil des „Renteneinkommens" ausmachen. Andere abgeleitete Einkommen, wie Erbschaften, Schenkungen, Lotteriegewinne usw. bleiben unberücksichtigt. Auch die „Nutzgewährungen aus öffentlichem Vermögen", die nicht mit Geld entlohnten Dienstleistungen der Familienangehörigen usw. können niemals in Zahlen angegeben werden. Wir sehen deshalb hier von der Gewinnung einer doch nur ganz unsicheren Endziffer ab und richten unser Augenmerk auf eine Untersuchung, die für die Beurteilung der persönlichen Einkommensverhältnisse wertvoller ist: auf eine Einteilung des durch die Steuer nachgewiesenen Volkseinkommens in fundiertes und unfundiertes Einkommen.

Als fundiertes Einkommen betrachten wir dabei jedes Einkommen, das aus Grund- oder Kapitalbesitz stammt, als unfundiertes dagegen dasjenige, welches aus der persönlichen Tätigkeit und Arbeitsfähigkeit des Einkommenempfängers hervorgeht. In den Einkommensteuerergebnissen ist diese Trennung teilweise schon durchgeführt. Das dort verzeichnete „Einkommen aus Grundbesitz" und „aus Renten" werden wir als fundiertes Einkommen, das „Einkommen aus Löhnen" als unfundiertes Einkommen aufzufassen haben. Eine besondere Betrachtung erfordert nur das „Einkommen aus Handel und Gewerbe". Dabei erinnern wir uns, wie wir diese Gruppe bei der Ermittelung des Volksvermögens zerlegt haben. Wir hatten ein Drittel dieses Einkommens als Rente der in den Betrieben angelegten Immobilien, ein zweites Drittel als Rente des mobilen Kapitals und den Rest als Entschädigung für die Arbeit und Unternehmertätigkeit des Einkommenempfängers angesehen. Behalten wir diese Verteilung bei, so müssen wir jetzt zwei Drittel des „Einkommens aus Handel und Gewerbe" als fundiertes Einkommen, ein Drittel als unfundiertes Einkommen in unsere Rechnung einsetzen. Es bleiben schließlich noch die Schuldzinsen zu berücksichtigen, die bei der Veranlagung zur Einkommensteuer in Abzug zu bringen sind. Man könnte dabei versucht sein, die Schuldzinsen ausschließlich von dem „Einkommen aus Grundbesitz" abzuziehen, weil zumeist mit den geliehenen Kapitalien Immobilien erworben oder wenigstens, wenn andere Werte dafür angeschafft werden, die Grundstücke dafür hypothekarisch belastet werden.[1] Wir glauben indes richtiger zu verfahren, wenn wir eine gleichmäßigere Verschuldung des Immobiliar- und Mobiliarbesitzes annehmen und die Schuldzinsen annähernd dem Verhältnis entsprechend verteilen, in welchem nach unseren früheren Ermittelungen Immobiliar- und Mobiliarbesitz zueinander stehen. Wir ziehen deshalb zwei Drittel der Schuldzinsen von dem gesamten Einkommen aus Grundbesitz, ein Drittel von dem Einkommen aus beweglichem Kapitalbesitz ab. Fassen wir das bisher Gesagte zusammen, so gelangen wir zu folgender Aufzählung:

1. Fundiertes Einkommen.

a) Einkommen aus Grund- und Gebäudebesitz, zu berechnen als Summe des „Einkommens aus Grundbesitz" der Einkommensteuer und eines Drittels des „Einkommens aus Handel und Gewerbe", vermindert um zwei Drittel der Schuldzinsen.

b) Einkommen aus beweglichem Kapitalbesitz, zu berechnen als Summe des „Einkommens aus Renten" und eines Drittels des „Einkommens aus Handel und Gewerbe", vermindert um ein Drittel der Schuldzinsen.

2. Unfundiertes Einkommen,

zu berechnen aus dem „Einkommen aus Löhnen" und einem Drittel des „Einkommens aus Handel und Gewerbe".

Die Summe aller Einkommen ist dieselbe wie bei den Steuerergebnissen, nur die Einteilung ist anders. Die Ergebnisse der Berechnung für die Gegenwart und für eine Reihe zurückliegender Jahre finden sich in Tabelle 10, Sp. 2—6. Von besonderem Interesse ist namentlich der Anteil des fundierten Einkommens am gesamten Einkommen, der im Zurückgehen begriffen ist. Das fundierte Einkommen ist seit 1880 auf das 2,4fache, das unfundierte auf das 4,1fache gestiegen. Damals bildete das fundierte Einkommen die Hälfte des ganzen Volkseinkommens, heute sind nur noch etwa ein Drittel aller Einkommen fundierte Einkommen.

b) Das objektive Volkseinkommen.

Das objektive Volkseinkommen geht nach unserer früheren Definition aus dem subjektiven Volkseinkommen hervor durch Ab-

[1] Siehe Soetbeer in der Vierteljahrsschrift für Volkswirtschaft, Politik und Kulturgeschichte (herausg. v. Eduard Wiss), Band 96 (1887), S. 141.

zug der abgeleiteten Einkommen und Hinzufügung der jährlich neu in Gebrauch genommenen dauerhaften Konsumtionsgüter. Eine genaue Berechnung des objektiven Volkseinkommens dürfte kaum möglich sein, da wir die Werte nicht kennen, die abzuziehen und hinzuzufügen sind. Eine etwas längere Überlegung führt uns jedoch zu der Überzeugung, daß alle Zuschläge und Abzugsposten, mit deren Hilfe aus der Einkommensteuersumme das objektive Volkseinkommen gewonnen werden soll, sich gegenseitig nahezu aufheben und somit die Einkommensteuerergebnisse kaum verändern. Diese Vorstellung von den in Frage kommenden Größen verschaffen wir uns wie folgt:

Wir gehen von bekannten Summen aus, in welchen die betreffenden Werte enthalten sein müssen. So werden die Wohnungsmietwerte, die von der Einkommensteuersumme abgezogen werden müssen, einen Teil des „Einkommens aus Grundbesitz" ausmachen, und einen Anhaltspunkt für die Höhe der Zinsen für unproduktive Schulden erhalten wir aus dem „Renteneinkommen". Da der Ertrag der von Industrie und Handel benutzten Räume und ein Teil der Rente des landwirtschaftlich benutzten Bodens auch in dem „Einkommen aus Handel und Gewerbe" enthalten ist, bekommen wir keinesfalls zu hohe Zahlen, wenn wir die Wohnungsmietwerte der Hälfte des „Einkommens aus Grundbesitz" gleichsetzen. Dagegen nehmen wir als Zinsen für unproduktive Schulden nur ein Zehntel des „Einkommens aus Renten" in Anspruch. Beide Summen wären also zur Gewinnung des objektiven Volkseinkommens von der Einkommensteuersumme abzuziehen. Hinzuzufügen ist der Wert der jährlich neu in Gebrauch genommenen dauerhaften Konsumtionsgüter, welchen wir der Hälfte der jährlichen Zunahme der Immobiliar- und Mobiliarfeuerversicherungssumme gleichsetzen wollen, während die andere Hälfte auf die Güter entfallen würde, die der Produktion dienen. Es zeigt sich nun, daß sich die erwähnten Zuschläge und Abzüge gegenseitig aufheben. Im Verlauf der Jahre ist bald die eine, bald die andere Summe etwas größer. Die Abweichung nach der einen oder anderen Seite beträgt jedoch im äußersten Falle auf die Einkommensteuersumme bezogen kaum $^1/_4\%$, so daß unsere obigen, etwas willkürlichen Voraussetzungen schon sehr falsch sein müßten, wenn sie einen nennenswerten Einfluß auf unser Ergebnis haben sollen.[1] Dieses Ergebnis heißt:

Während wir uns das subjektive Volkseinkommen beträchtlich größer vorstellen müssen als die Summe der versteuerten Einkommen, können wir das objektive Volkseinkommen einschließlich der Dienstleistungen mit ziemlicher Sicherheit der Einkommensteuersumme nach Abzug der Schuldzinsen gleichsetzen. Mehr läßt sich bei dem völligen Mangel an besonderem statistischen Material aus diesen Untersuchungen nicht erschließen.

Unter Zugrundelegung der Einkommensteuersummen können wir

---

[1] Über die Berücksichtigung der juristischen Personen vgl. S. 44.

also das objektive Volkseinkommen für 1880 auf 0,98 Milliarden Mark, für 1911 auf 3,18 Milliarden feststellen (vgl. Tabelle 10, Sp. 7). Auf den Kopf der Bevölkerung erhalten wir für 1880 330 Mark, für 1890 425 Mark, für 1900 525 Mark und für 1910 628 Mark. Das ist eine Steigerung um rund 100 Mark in je 10 Jahren.

c) Der jährliche Zuwachs des Volksvermögens.

Unter dem jährlichen Zuwachs des Volksvermögens haben wir den Teil des sachlichen objektiven Volksvermögens zu verstehen, der nicht zur Bedürfnisbefriedigung verbraucht wurde, sondern erspart und zur Produktion neuer Güter verwendet werden konnte. Alle Dienstleistungen, die zur Befriedigung persönlicher Bedürfnisse gedient haben, können in dem Zuwachs des Volksvermögens nicht enthalten sein, weil wir zu dem Volksvermögen nur sachliche Güter rechneten, und die produktiven Dienstleistungen kommen in der Werterhöhung der sachlichen Güter zum Ausdruck. Die Höhe dieses Zuwachses ist aus der Differenz des von uns berechneten Volksvermögens für zwei aufeinander folgende Jahre zu bestimmen. Wenn wir diese Zunahme in Prozenten ausdrücken und dabei von dem Jahre 1904 mit der sehr geringen Zunahme von nur 0,3 % absehen, erhalten wir Zahlen von 1,6—4,6 %. In einem Aufsatze aus der jüngsten Zeit (Georg Evert) ist gesagt, daß der Zuwachs an Volksvermögen für ganz Deutschland zu 2 % geschätzt worden sei. Weiter wird unter Zuhilfenahme der preußischen Ergänzungssteuer von 1908 bis 1911 dargelegt, daß die von Steinmann-Bucher angegebene Ziffer von 12—14 Milliarden Mark jährlicher Zunahme des deutschen Volksvermögens „vielleicht erreicht oder noch überschritten werden muß“. Das sind bei einem Volksvermögen von 350 Milliarden Mark 3,5—4,0 % des deutschen Volksvermögens. Hiermit stimmen aber die von uns für 1907 bis 1911 berechneten Zahlen auffallend überein. Allgemein können wir sagen, daß in wirtschaftlich guten Jahren die Zunahme des Volksvermögens für Sachsen ähnlich wie im Reiche etwa 3—4 %, in mittleren Jahren 2—3 % und in schlechten Jahren noch weniger beträgt (vgl. Tabelle 9, Sp. 5—6).

d) Das verbrauchte jährliche Volkseinkommen.

Am Ende des Abschnitts über die verschiedenen Einkommensbegriffe ist schon gesagt worden, daß alles Einkommen, das nicht zur Erhöhung des Volksvermögens verwendet wurde, notwendigerweise in irgendeiner Form verbraucht worden sein muß. Diese Überlegung führte uns auf den Begriff der Konsumtionssumme, den Volksverbrauch. Die Differenz des objektiven Volkseinkommens und der jährlichen Zunahme des Volksvermögens liefert uns also ohne weiteres die Zahlen für den Volksverbrauch (Tabelle 10, Sp. 8). Die Darstellung dieser Zahlen durch eine Kurve (Bild 2) zeigt uns zwar einen sehr unruhigen Verlauf, doch ist ein fortwährendes Aufwärtssteigen dabei unverkennbar. Man sollte erwarten, daß bei einer gleichmäßig wachsenden Bevölkerung der Volksverbrauch ebenso stetig zunimmt. In unserer Kurve kommen aber alle plötzlichen Verluste und Entwertungen vieler Vermögensbestandteile in Jahren wirtschaftlichen Niedergangs und ebenso alle Konjunkturengewinne und plötzlichen Werterhöhungen in guten Jahren mit zum Ausdruck; denn alle diese Vorgänge beeinflussen den Wert des Volksvermögens und damit auch dessen jährliche Zunahme. Die wirklich zur Erhaltung des Volkes gebrauchte Gütermenge wird daher in guten Jahren größer, in schlechten Jahren kleiner sein, als unsere Zahl angibt, und wir können ihre Höhe annäherungsweise dadurch bestimmen, daß wir durch dieses beständige Auf und Nieder eine mittlere Linie zu ziehen suchen, die wir rechnungsmäßig durch folgende etwas vereinfachte Formel festlegen:

$$V = \frac{(J - 1870)^2 + 725}{1089},$$ [1]

wobei V die neue Verbrauchsziffer, den „Volksverzehr", für das Jahr J bedeutet. Die Verbrauchsziffern der Jahre 1882 und 1910 haben wir dabei als normal angenommen und sie werden auch nicht durch obige Formel geändert. Die Entfernung der für jedes Jahr auf die erste Art und Weise berechneten Verbrauchsziffer von der nun eingeführten „Normalverbrauchskurve" gibt gleichzeitig einen Maßstab für den wirtschaftlichen Erfolg des betreffenden Jahres. In unserer Darstellung erscheint das Jahr 1904 mit dem geringsten wirtschaftlichen Erfolg, aus den 90er Jahren ragt in erster Linie das Jahr 1894 als schlechtes Jahr hervor, während die Jahre 1890, 1898 und 1907 sich als besonders gute Jahre herausstellen (Tabelle 10, Sp. 9 und Bild 2).[2]

Wenn wir von unserer Kurve wissen, daß sie die zur Erhaltung der Bevölkerung verbrauchte Gütermenge angibt, so muß bei dauernd gleichbleibender Lebenshaltung der Bevölkerung eine entsprechend eingezeichnete Kurve der Bevölkerungsbewegung während desselben Zeitraumes mit unserer Kurve ungefähr zusammenfallen. Wir finden jedoch, daß sich die Bevölkerung viel weniger rasch vermehrt hat, als der Volksverzehr zugenommen hat (siehe Tabelle 14 und die Kurve der Bevölkerung auf Bild 2). Diese Tatsache liefert uns die Möglichkeit, den heutigen Aufwand der Bevölkerung, ihre Ausgaben zur Befriedigung aller Lebensbedürfnisse mit dem entsprechenden Betrag zu vergleichen, der vor 30 Jahren hierzu notwendig war. Setzen wir nämlich für 1880 das Verhältnis des Volksverzehrs zur Bevölkerung gleich 1, so ergeben sich die entsprechenden Zahlen für 1890 zu 1,15, für 1900 zu 1,39, für 1910 zu 1,74. Wir können infolgedessen sagen, daß der persönliche Aufwand der Bevölkerung, die „Lebenshaltung" im allgemeinen, das, was die Bevölkerung „sich leistet", heute das $1\,^3/_4$fache von 1880 beträgt, wobei natürlich der inzwischen gesunkene Geldwert noch zu berücksichtigen bleibt.

---

[1] Die Kurve wurde als Parabel mit senkrechter Achse durch die Punkte (x = 1882, y = 0,80), (x = 1896, y = 1,29), (x = 1910, y = 2,14) angenommen.

[2] Die Bewegung der Ausfuhr und Einfuhr des Deutschen Reiches stimmt mit diesem Ergebnis zum Teil überein.

Sechster Abschnitt.

Die Verteilung des Volksvermögens und Volkseinkommens.

Bei der bisherigen Betrachtung des Volksvermögens, Volkseinkommens und Volksverbrauchs war es unser hauptsächlichstes Ziel, Endziffern zu erhalten und ihre zeitliche Entwicklung zu verfolgen. Wir können jedoch diese Untersuchungen auch weiter ausdehnen und die Gesamtziffern durch eine möglichst weitgehende Zergliederung noch lehrreicher gestalten. Dies kann auf drei Arten geschehen:

1. durch Untersuchung der qualitativen und quantitativen Zusammensetzung der Wertziffern,
2. durch eine territoriale Aufteilung des Volksvermögens und Volkseinkommens nach Stadt und Land oder nach den einzelnen Verwaltungsbezirken,
3. durch die Verteilung der Summenzahlen auf die verschiedenen Volksangehörigen, auf bestimmte Personengruppen, Berufe usw.

Das statistische Material reicht nicht aus, diese Fragen nach allen wünschenswerten Richtungen hin zu erörtern. Vielfach sind auch, wo eingehendere Betrachtung möglich wäre, die zu überwindenden Schwierigkeiten so groß, daß wir uns von einer knappen Darstellung, die der enge Rahmen unserer Arbeit erfordert, keinen Erfolg versprechen.

Einige Anfänge sind übrigens schon von uns gemacht. Wir haben bei der Ermittelung des Volksvermögens immobiles und mobiles Volksvermögen unterschieden, ebenso wurde von uns auch das private und Staatsvermögen getrennt behandelt. Schwieriger und deshalb Gegenstand einer besonderen Bearbeitung wäre die Aufteilung des sächsischen Volksvermögens nach sachlichen Gruppen. Man hätte dabei zu ermitteln den Wert der landwirtschaftlich genutzten Fläche, den Wert des bebauten Bodens getrennt von dem Wert der auf ihm errichteten Gebäude, den Wert der Wälder, Bergwerke, großer industrieller Anlagen, Mietshäuser, der Straßen, Eisenbahnen, des umlaufenden Bargeldes, des Mobiliars usw. Dabei macht sich jedoch eine Schwierigkeit noch besonders geltend, der wir durch unsere auf der Einkommensteuer aufgebauten Methode ziemlich aus dem Wege gegangen sind, ob nämlich der Wert der einzelnen Teile des Volksvermögens nach ihren Herstellungskosten, nach dem Ertrage, den sie abwerfen, oder nach dem kaum meßbaren Nutzen zu stimmen ist, den z. B. die Straßen, Eisenbahnen oder gar die Einrichtungen der Landesverteidigung usw. der Allgemeinheit gewähren.

Das Volkseinkommen ist von uns auch schon nach einer Richtung hin in seine Bestandteile zerlegt worden, nämlich in fundiertes und unfundiertes Einkommen. Sehr zu wünschen wäre aber weiterhin eine Unterscheidung des Einkommens aus Grundbesitz in Einkommen aus landwirtschaftlich genutzter Fläche und Einkommen aus Wohnungs- und anderen Mieten, eine Unterscheidung des Renteneinkommens in Hypothekenzinsen, Dividenden usw., eine Zerlegung des Lohneinkommens in Beamtengehälter, Arbeiterlöhne u. dgl. Doch auch diese Aufgaben können in einer allgemeinen Arbeit über das Volksvermögen und Volkseinkommen keine besondere Berücksichtigung beanspruchen.

Dagegen bietet eine territoriale Verteilung des Volksvermögens und Volkseinkommens nach unserer Methode keine Schwierigkeiten, da in den Einkommensteuerergebnissen die Einkommen nach Stadt und Land und nach den fünf Kreishauptmannschaften getrennt angegeben sind. Von dieser Tatsache haben wir schon einmal Gebrauch gemacht, als wir den Wert des immobilen Besitzes für die fünf Kreishauptmannschaften berechneten, um daraus auf den Wert einer Grundsteuereinheit zurückzuschließen. Die Verteilung des gesamten sächsischen Volksvermögens auf die einzelnen Kreishauptmannschaften stellt sich für das Jahr 1910 folgendermaßen dar: Bautzen 1,87 Milliarden Mark, Dresden 7,68, Leipzig 8,48, Zwickau 4,31, Chemnitz 4,75, Staatsvermögen 1,83 Milliarden Mark, zusammen 28,92 Milliarden Mark. Bei der verschiedenen Größe der Kreishauptmannschaften ist es notwendig, auch die Verteilung auf den Kopf der Bevölkerung in Betracht zu ziehen, die sich für 1910 wie folgt ergibt: Bautzen 4220 Mark, Dresden 5680 Mark, Leipzig 6860 Mark, Zwickau 5030 Mark, Chemnitz 5160 Mark. Demnach wäre Bautzen die ärmste, Leipzig dagegen die reichste Kreishauptmannschaft Sachsens (Tabelle 11). Zu demselben Schlusse gelangen wir auch durch die Ermittelung des durchschnittlichen Einkommens für 1910, wo in der Kreishauptmannschaft Bautzen 480 Mark, Dresden 672 Mark, Leipzig 723 Mark, Zwickau 556 Mark und Chemnitz 578 Mark auf den Kopf der Bevölkerung entfallen (Tabelle 12, Sp. 5—6). Die Reihenfolge der einzelnen Kreishauptmannschaften wird dagegen eine andere, wenn wir sie nach dem Anteil des fundierten Einkommens am Gesamteinkommen betrachten. Dieser ist in der Kreishauptmannschaft Bautzen fast ebenso hoch wie in den Kreishauptmannschaften Dresden und Leipzig, während die beiden Kreishauptmannschaften Zwickau und Chemnitz einen wesentlich niedrigeren Anteil aufweisen. Das bedeutet, daß hier ein größerer Teil der Bevölkerung seinen Erwerb durch Arbeit suchen muß als in den übrigen Landesteilen, in denen die fundierten Einkommen häufiger sind (Tabelle 12, Sp. 2—4).

Die persönliche Verteilung des Volkseinkommens im Königreiche Sachsen nach Einkommensstufen hat erst kürzlich eine Bearbeitung[1] gefunden, die in der Methode von allen bisherigen Untersuchungen dieser Art abweicht und für die Beurteilung der mehr oder weniger gleichmäßigen Verteilung des Einkommens einen einfachen Maßstab aufstellt, nämlich das Verhältnis des Durchschnitts der höchsten Einkommen, d. h. von 1 ‰ aller versteuerten Einkommen, zum

[1] Tabacovici, a. a. O.

Durchschnitt aller übrigen Einkommen. Dabei ergab sich, daß dieses Verhältnis im Laufe der Zeit etwas größer, also die Verteilung auf die einzelnen Volksangehörigen etwas ungünstiger geworden ist. Ein ähnlicher Maßstab läßt sich nun auch für die Verteilung des sächsischen Volksvermögens auf Grund der Ergänzungssteuer und unserer bisherigen Ergebnisse gewinnen. Da jedoch durch die Ergänzungssteuer nur ein verhältnismäßig geringer Teil aller Vermögen nachgewiesen wird, können wir nicht entsprechend 1 ‰ der versteuerten Vermögen als das „Vermögen der Reichsten" betrachten; denn auf diese Weise kämen für 1910 überhaupt nur 130 Vermögensbesitzer in Frage und unsere Untersuchung würde durch jede zufällige Veränderung in dem Vermögensbesitze dieser wenigen Leute, plötzliche Aufteilung durch Vererbung usw., stark beeinflußt. Wir verschaffen uns vielmehr einen anderen festen Maßstab zur Abgrenzung der reichsten Leute, indem wir von den im gleichen Jahre zur Einkommensteuer herangezogenen Personen 1 ‰ zugrunde legen. Wir können dann aus der Ergänzungssteuer das Durchschnittsvermögen der nun festbestimmten Zahl der reichsten Leute berechnen. Da ferner in der Ergänzungssteuer die Summe aller im Volke vorhandenen Vermögen ebenso unvollständig ist wie die Anzahl der Vermögensbesitzer, verwenden wir zur Berechnung des Durchschnittsvermögens der übrigen 999 ‰ der Bevölkerung das von uns für das gleiche Jahr berechnete Volksvermögen, obwohl dieses streng genommen wieder zu viel enthält. In dem Vermögen der Ergänzungssteuer ist bekanntlich der Grundbesitz nur insoweit enthalten, als er verschuldet ist und sein Wert infolgedessen in der Ergänzungssteuer als „Sonstiges Kapitalvermögen" auftritt, während in unserm Volksvermögen alle sachlichen Werte inbegriffen sind. Dieser Mangel beeinflußt zwar die Höhe der von uns berechneten Zahlen; ihre Veränderung, ihr Steigen oder Fallen, kommt jedoch in derselben Weise zum Ausdruck, als wenn wir erst aus dem Volksvermögen den unverschuldeten Grundbesitz ausscheiden. Auf die erste Art und Weise bekommen wir für 1904 den „Ungleichheitskoeffizienten" 103,7, für 1906 109,5, für 1908 105,2, für 1910 104,0 (vgl. Tabelle 13). Wir haben also ,abgesehen von dem Jahre 1904, in welchem die Steuer eben erst eingeführt war und das deshalb nicht so beweiskräftig ist wie die anderen Jahre, eine beständig s i n k e n d e „Ungleichheitskurve", also gerade das umgekehrte Ergebnis, als bei dem Einkommen. Dies wäre also, soweit sich für die kurze Zeit des Bestehens der Ergänzungssteuer überhaupt etwas sagen läßt, eine vom sozialpolitischen Standpunkt aus erfreuliche Tatsache. Die Erklärung findet sich wohl in der fortgesetzten Ausbreitung der Aktienunternehmungen, durch die ein großer Besitz in viele Hände gelangt. Überdies ist es wohl möglich, daß die in seiner Hand befindlichen großen Vermögen in kürzerer Zeit wieder verloren gehen oder aufgeteilt werden, als sie zur Ansammlung bedurft haben. Über die ebenso oft behauptete wie abgeleugnete „plutokratische Entwicklung"[1] müssen

[1] Vgl. auch Helfferich, a. a. O., S. 103.

wir also einen geteilten Standpunkt einnehmen. Während sich eine solche Entwicklung bei den Einkommen nachweisen läßt, weist unsere Methode bei den Vermögen auf eine umgekehrte Entwicklung hin.

Ein letztes Wort wäre schließlich noch der Verteilung des Volksvermögens und Volkseinkommens nach beruflichen Gruppen zu widmen. Auf Grund der Berufszählungen ist die Lösung dieser Aufgabe schon mehrfach versucht worden, auch ist dieser Frage immer in der Literatur besonderes Interesse geschenkt worden,[1] obwohl man nur sehr selten zu einem befriedigenden Ergebnis gekommen ist.[2] Aus dem Durchschnittseinkommen der Angehörigen einer bestimmten Berufsgruppe könnte man einen Schluß auf den Wert ihrer Leistungen für die Allgemeinheit ziehen, aus dem Durchschnittsvermögen dagegen auf ihre soziale Lage. Am sichersten könnte man unserer Meinung nach hier zum Ziele kommen, wenn auf den Individualzählkarten[3] bei der Veranlagung zur Einkommensteuer auch der Beruf des Veranlagten mit vermerkt würde und die Karten auch nach dieser Richtung hin statistisch verarbeitet werden könnten.

Nachdem wir im vorigen Abschnitt die Höhe der jährlich zur Erhaltung der Bevölkerung verbrauchten Gütermenge bestimmt haben, wäre es auch sehr lehrreich, die Zusammensetzung dieser Summe nach den einzelnen Hauptverbrauchsgegenständen kennen zu lernen, den Getreide-, Fleisch-, Bierverbrauch, Verbrauch an Kleidung usw., Aufwand für Bildung, Vergnügungen, Armenunterstützungen, Zerstörung durch Feuer, Wasser usw., überhaupt die Verteilung nach ähnlichen Gesichtspunkten, wie es oben vom Volksvermögen und Volkseinkommen erörtert wurde. Hier fehlt es aber nicht nur an Aufzeichnungen der verbrauchten Gütermengen, sondern auch an einer hinreichenden Preisstatistik, um die Gewichts- oder Volumeneinheiten in Wertziffern umrechnen zu können. Der Wert der persönlichen Dienstleistungen wäre sofort zu bestimmen, sobald wir eine Einkommensgliederung nach Berufen vor uns hätten. Eine besondere Aufgabe aber wäre es, jetzt schon auf Grund der vorhandenen spärlichen und sehr verstreuten Angaben über den Verbrauch einzelner Erzeugnisse (indirekte Steuern, private Statistik usw.) und die Einkommen der Berufe, die sich persönlichen Diensten widmen, die Zusammensetzung des Volksverzehrs annähernd zu schätzen.

---

[1] Vgl. Losch, a. a. O., S. 25—26.

[2] Vgl. die Arbeit von Frh. v. Friedenfels, a. a. O.

[3] Über die Gliederung der Einkommen nach persönlichen Gesichtspunkten (Stellung im Haushalte, Geschlecht und Alter) vgl. den Aufsatz von Würzburger in der Zeitschrift des Kgl. Sächs. Stat. Landesamtes 1910, S. 203.

Siebenter Abschnitt.

Der Volkswohlstand.

Als Mittel, den Volkswohlstand zu messen, haben wir bereits das Verhältnis des objektiven Volkseinkommens zum Volksverzehr kennen gelernt. Die Berechnung der Wohlstandsziffer für Sachsen auf die Jahre 1880—1911 zeigt ein wechselndes Bild (Tabelle 10, Sp. 10 und Bild 2). In normalen und guten Jahren nimmt der Volkswohlstand zu, in den Jahren des wirtschaftlichen Niedergangs 1891 bis 1896 und 1901—1906 dagegen geht der Volkswohlstand zurück. Eine Gliederung der Einkommensergebnisse nach Berufen würde uns auch hier wieder vorzügliche Dienste leisten, da wir dann ohne weiteres auch die Lage der einzelnen Berufszweige und verschiedenen sozialen Schichten der Bevölkerung getrennt untersuchen und untereinander zahlenmäßig vergleichen könnten.

Unsere Wohlstandsziffer ist übrigens nicht zu verwechseln mit der früher eingeführten Zahl für die Lebenshaltung. Die Lebenshaltung wird besser, wenn der Verbrauch zunimmt, der Wohlstand dagegen bei demselben Einkommen um so geringer, je größer die Ausgaben werden. Es ist auch sehr verständlich, daß die fortgesetzt gesteigerten Lebensbedürfnisse keinen Wohlstand erzeugen, wenn nicht die Zunahme des Volkseinkommens gleichen Schritt hält. Man ist versucht zu fragen, unter welchen Bedingungen sowohl die Lebenshaltung als auch der Wohlstand steigen können. Einen Ausdruck hierfür müssen wir in dem Produkt beider Größen erblicken. Die Multiplikation ergibt aber:

$$\frac{\text{Volksverzehr}}{\text{Bevölkerung}} \times \frac{\text{Volkseinkommen}}{\text{Volksverzehr}} = \frac{\text{Volkseinkommen}}{\text{Bevölkerung}}.$$

Die neue Größe ist also unabhängig vom Volksverzehr geworden. Sie stellt einfach das durchschnittliche Volkseinkommen dar, d. h. den auf den Kopf der Bevölkerung fallenden Teil des objektiven Volkseinkommens. Eine gleichzeitige Steigerung der Lebenshaltung und des Wohlstandes ist demnach nur möglich, wenn das Durchschnittseinkommen des Volkes zunimmt und dies wiederum nur durch eine immer rationellere Gestaltung des ganzen Wirtschaftslebens, durch Steigerung der wirtschaftlichen Intelligenz der Bevölkerung, durch Verbesserung der Volksbildung und der Gesundheit der Bevölkerung, d. h. aller Werte, die Georg Evert das „geistige Meliorationskapital", das „Immaterialkapital" eines Volkes nennt. Das Durchschnittseinkommen eines Volkes bildet also die beste Grundlage für einen Vergleich des Immaterialkapitals verschiedener Länder und Zeiten. Aus dem Einkommen früherer Generationen ist auch alles Sachgüterkapital aufgespart. Selbst jede Wertsteigerung des Grund und Bodens und damit der ganze heutige Wert des Grund und Bodens ist einmal ein Stück „Volkseinkommen" gewesen. Also hat die Rente jedes Sachgüterkapitals ihren Ursprung in dem Immaterialkapital früherer Generationen. Letzten Endes ist daher auch eine gesteigerte Lebenshaltung bei immerfort zunehmendem Volkswohlstand lediglich die Frucht der „physischen, geistigen und moralischen Kraft“[1] eines Volkes.

Achter Abschnitt.

Die Ergebnisse unserer Untersuchungen.

Wenn wir in einem Schlußkapitel die Ergebnisse unserer Untersuchungen nochmals überschauen wollen, so haben wir unser Augenmerk auf dreierlei zu richten:

1. das Material, von dem unsere Berechnungen abhängig sind,
2. die von uns angewandte Methode, das gegebene Material nutzbringend zu verwerten,
3. die tatsächlichen Ergebnisse der Untersuchungen.

Von allen statistischen Unterlagen leistete uns die sächsische Einkommensteuer die besten Dienste. Aus der Grundsteuer allein konnten keine sicheren Schlüsse gezogen werden, während die Ergänzungssteuer und die Immobiliar- und Mobiliarversicherungen zu bedeutende Lücken enthielten, für deren Ausfüllung keinerlei sichere Grundlagen vorhanden sind. Doch waren alle diese Materialien sehr wertvoll für uns, um unsere Folgerungen aus den Einkommensteuerergebnissen beständig nachprüfen zu können, insbesondere erhielten wir hierdurch sichere Anhaltspunkte für die vielfach unvermeidlichen Zuschläge.

Die Methode hatte die Aufgabe, sichere Schlüsse aus den vorhandenen Zahlenreihen zu ziehen und die vorhandenen Mängel des Materials möglichst zu beseitigen. Eine rein statistische Bearbeitung war somit von vornherein ausgeschlossen. Die hauptsächlichsten Fortschritte mußten auf dem Wege der „Berechnung“ erreicht werden.[2] So verwickelt die uns gestellte Aufgabe an sich war, mußten wir doch bestrebt sein, einen möglichst einfachen und übersichtlichen Weg zu finden, um unserem Ziele näher zu kommen. Die Möglichkeit, unsere hauptsächlichsten Ergebnisse auf eine einzige Steuer, die Einkommensteuer, aufbauen zu können, ließ uns eine Methode finden, die ohne große Schwierigkeiten für jedes Jahr und jeden Teil des Landes wiederholt werden kann, für den die nötigen Unterlagen vorhanden sind. Der große Vorteil, der in der Vergleichbarkeit unserer Zahlen mit früheren Jahren und der Zahlen verschiedener Landesteile untereinander liegt und der durch eine zu weitgehende Berücksichtigung der einzelnen kleineren Mängel des Materials nur wieder verloren

[1] Inama-Sternegg, Stat. Monatsschrift 1887, S. 579.

[2] Über die Bedeutung der „Konjekturalstatistik“ vgl. R. Mucke, Stat. Monatsschrift 1887, S. 489—494, und Fellner, Referat S. 68.

gehen würde, rechtfertigt es, daß wir Fehler, die das Endergebnis doch nicht wesentlich beeinträchtigen können, nicht ausdrücklich beseitigt haben. Allzu strenge Beurteiler unserer Methode möchten wir deshalb um etwas Milde in diesem Punkte bitten. Ebenso lassen wir die Möglichkeit offen, daß wir mit unseren „Annahmen", die uns weiterhelfen mußten, wo das Material uns im Stiche ließ, nicht immer das Richtigste getroffen haben. Das ist von einem ersten Versuche, unsere nicht ganz einfache Aufgabe auf einem neuen Wege zu lösen, auch nicht zu erwarten. Doch glauben wir immerhin, schon jetzt der Wirklichkeit im wesentlichen näher gekommen zu sein, als es auf irgendeinem anderen Wege geglückt wäre. Durch eine möglichst genaue Darlegung des von uns beschrittenen Weges und durch reichliche Quellenangaben wollen wir eine Nachprüfung und Verbesserung unserer Methode auch im einzelnen erleichtern. Mag den absoluten Zahlen noch etwas Unsicherheit anhaften, die Relativzahlen und der Gang der zeitlichen Entwicklung dürften hiervon kaum beeinflußt worden sein. In welcher Weise die von uns ermittelten Zahlen des Volksvermögens und Volkseinkommens zu weiteren Schlüssen aus den Ergebnissen verwendet werden können, glauben wir durch unsere Untersuchungen über die Einkommensgliederung, die Ungleichheitskurve des Vermögensbesitzes, die Ziffer über den Volksverbrauch und Volksverzehr, die Lebenshaltung und den Volkswohlstand gezeigt zu haben.

Die tatsächlichen Ergebnisse, die wir erzielt haben, sind daher sehr mannigfaltig. Das Volksvermögen, das wir mit 30 Milliarden Mark für 1911 berechnet haben, können wir wohl im Hinblick auf die gleichzeitig untersuchte Entwicklung des Volksvermögens während der letzten 30 Jahre zu 32 Milliarden für 1913 annehmen. Desgleichen läßt sich für das objektive Volkseinkommen, das wir mit 3,18 Milliarden Mark für 1911 angegeben haben, eine Erhöhung auf wenigstens 3,4 Milliarden bis 1913 vermuten. Beide Zahlen sind Minimalschätzungen. Die gewonnenen Endziffern geben uns auch die Möglichkeit, die wirtschaftlichen Verhältnisse Sachsens mit anderen deutschen Staaten zu vergleichen, wenngleich hierbei wegen der ungleichartigen Methoden, die zu solchen Zahlen führen, größte Vorsicht geboten ist. Die neueste Schätzung des deutschen Volksvermögens durch Helfferich auf 300 Milliarden Mark liefert uns die Grundlage zu einer äußerst günstigen Beurteilung der wirtschaftlichen Lage Sachsens. Während Sachsen von der Fläche des deutschen Reiches nur $^1/_{36}$, von der Bevölkerung $^1/_{14}$ umfaßt, beträgt der Anteil am Volksvermögen nahezu $^1/_9$. Ähnlich fällt der Vergleich beim Volkseinkommen aus, das Helfferich mit 40 Milliarden Mark für Deutschland annimmt und von dem das Volkseinkommen Sachsens demnach sogar etwas mehr als $^1/_9$ ausmachen würde. Der Verteilung des Volksvermögens und Volkseinkommens nach den verschiedensten Gesichtspunkten wurde von uns ein besonderer Abschnitt gewidmet. Als wichtigste Ergebnisse sind hervorzuheben: die Abnahme der fundierten Einkommen, die Ungleichheit des auf den Kopf der Bevölkerung bezogenen Volksvermögens und Volkseinkommens in den verschiedenen sächsischen Kreishauptmannschaften, die den Kreis Leipzig als reichsten, den Kreis Bautzen als ärmsten Kreis Sachsens hervortreten ließ. Bemerkenswert ist für uns auch die zunehmende Verteilung der vorhandenen Vermögen auf breitere Volkskreise, die wir mit Hilfe derselben Ungleichheitskurve feststellen konnten, die schon für das Volkseinkommen zur Anwendung gelangt war und dort zur Erkenntnis einer gegenteiligen Entwicklung führte. Die Ziffern über den Verbrauch und den Verzehr gaben uns die Möglichkeit, exakte Ausdrücke für die Entwicklung der Lebenshaltung und des Volkswohlstandes zu gewinnen. Wenn die Lebenshaltung von 1880 gleich 1 gesetzt wurde, ergab sich für die Gegenwart eine auf $1^3/_4$ gehobene Lebenshaltung. Dagegen vermochten wir bei dem Volkswohlstand, wo nicht nur die Konsumtionskraft der Bevölkerung, sondern auch die ihr zur Verfügung stehenden Mittel mit in Frage gezogen werden müssen, nur eine langsamere und unregelmäßigere Steigerung zu beobachten. Von 1,29 im Jahre 1880 stieg der Wohlstand schon bis 1890 auf 1,45 und erreichte 1900 den bisher höchsten Stand mit 1,48. Immerhin ist auch hier von 1880 bis zur Gegenwart eine Steigerung von 1 auf ziemlich $1^1/_8$ nicht zu verkennen. Sehr wertvoll ist auch ein Vergleich der von uns aufgestellten Größen mit einem der wichtigsten „Symptome des Volkswohlstandes", der Zahl der auf den Einwohner entfallenden Eheschließungen (Tabelle 15 und Kurve der Eheschließungen auf Bild 2). Wir beobachten ein Steigen der Heiratsziffer, wenn der Wohlstand zunimmt und umgekehrt. Genauer betrachtet gehört zu einem Steigen des Wohlstandes ein schwächeres Steigen der Heiratsziffer, zu einem Fallen des Wohlstandes jedoch ein stärkeres Fallen der Zahl der Eheschließungen. Im ganzen Zeitraum von 1880—1911 ist infolgedessen eine Abnahme der durchschnittlich auf den Einwohner fallenden Eheschließungen festzustellen, während doch der Wohlstand und die Lebenshaltung im Steigen begriffen waren. Geradezu auffallend ist die entgegengesetzte Bewegung der Heiratsziffer und der von uns berechneten Verbrauchsziffer; wohl ein deutlicher Beweis dafür, daß die Grundlagen dieser Berechnung richtig sind.

Wenn wir nun im ganzen das Ergebnis unserer Untersuchung betrachten, so finden wir ein Steigen des Volksvermögens und Volkseinkommens während der letzten 30 Jahre, wie es kaum immer weiter gehen kann. Es mag sein, daß in den letzten Jahren die Steuerschraube straffer angezogen worden ist als früher, sodaß die zugrundeliegenden Zahlen diese Steigerung etwas übertrieben erscheinen lassen. Dafür sind jedoch in der zweiten Hälfte der Zeit, die wir betrachten (seit 1895), die Einkommen von 300 bis 400 Mark in Wegfall gekommen, die das Ergebnis wieder in anderer Richtung beeinflussen.[1] Daß das Steigen der Lebenshaltung nicht so zu verstehen ist, daß die Bevölkerung heute $1^3/_4$mal so glücklich lebt wie 1880, haben wir schon

[1] Vgl. die Anm. auf S. 21.

angedeutet. Infolge des sinkenden Geldwertes läßt sich für denselben Betrag heute nicht genau dasselbe beschaffen wie vor 30 Jahren. Auch ist mit dem Steigen des Volksverbrauchs noch nicht gesagt, daß der ganze Überschuß an materiellen Mitteln dem persönlichen Bedarf des Erwerbstätigen dient und es ist fraglich, ob nicht ein steigendes Maß davon auf eine teuerere Erziehung der Kinder oder auf eine frühere Unterstützung älterer, erwerbsunfähig gewordener Personen entfällt. Die wachsende Verbrauchsziffer weist nur auf eine Steigerung der Lebensbedürfnisse hin; die Zunahme des Volkseinkommens ist nur möglich, wenn der einzelne seine persönliche Arbeitsfähigkeit auf jede Weise zu steigern sucht, um sich einen entsprechenden Anteil am Einkommen des ganzen Volkes zu sichern. Wie diese Tatsachen zu beurteilen sind, hängt ganz von der Wirkung auf die einzelnen Volksangehörigen ab. Solange die Gesundheit und die Lebensweise des einzelnen nicht verschlechtert wird, sondern vermöge des zunehmenden Wohlstandes immer mehr verbessert werden kann, ist die gegenwärtige Entwicklung erfreulich zu nennen. Verderblich dagegen aber muß dieselbe Entwicklung werden, wenn sie zu Wohlleben und Verschwendung führt, das Familienleben zerstört, die körperliche und moralische Gesundheit ganzer Volksgruppen untergräbt.

Das materielle Wohlergehen eines Volkes, das wir allein durch unsere Untersuchungen nachzuweisen imstande sind, bietet wohl einen Maßstab für die Macht eines Volkes im wirtschaftlichen Kampfe der Völker untereinander. Dagegen hängt die ethische Bewertung eines Volkes von wesentlich anderen Erscheinungen ab, als von dem rein statistisch festgestellten Volksvermögen, Volkseinkommen oder Volkswohlstand.

Anlagen.

Aufbau einiger Schätzungen des Volksvermögens und Volkseinkommens.

(Zu Teil I, Abschnitt 2).

Um dem Leser noch einen tieferen Einblick in die Technik einer Schätzung des Volksvermögens und Volkseinkommens zu gewähren, als es in dem ersten Teile dieser Arbeit bei der Besprechung der bisherigen Schätzungen (S. 4—6) geschehen konnte, bringen wir im folgenden den Grundriß (das Schema) der wichtigsten Schätzungen zur Darstellung. Dabei haben wir kurz angegeben: die Teile, in die das Volksvermögen oder Volkseinkommen zerlegt wurde, die Quellen, auf welchen die Berechnung fußt und die Art ihrer Verwertung.

1. Rümelin und Schall.

Das württembergische Volksvermögen (1863 und 1883).

1. Grund und Boden: Kapitalisierter Ertrag auf Grund von Erhebungen und Gutachten anläßlich der Steuerverhandlungen.
2. Gebäude: Brandversicherungskataster; um ein Drittel erhöht auf Grund von Urteilen Sachverständiger.
3. Verkehrsmittel: Nach dem Anlagekapital.
4. Bewegliches Vermögen: Brandversicherung; unter Berücksichtigung der nicht versicherten Teile erst um ein Drittel und des zu niedrigen Versicherungswertes nochmals um 10 % erhöht.
5. Forderungen an das Ausland: Ein Viertel des kapitalisierten Kapital- und Rentensteueranfalls.

Die erste Grundlage dieser Methode finden wir schon bei Schmidlin, der eigentliche Urheber ist Rümelin, von Schall wurde die Methode ziemlich unverändert übernommen, nur in einigen Punkten verbessert.

2. Schott.

Das sächsiche Volksvermögen (1888).

1. Landwirtschaftlicher Grundbesitz: Berechnungen von Ökonomierat v. Langsdorff; Zuschlag auf Grund der Erhöhung des Grundeinkommens der Einkommensteuer.

2. Bergwerke: Kapitalisierter Reinertrag (40 % des Rohertrags).

3. Gebäude: Versicherungssummen; Zuschläge auf Grund von Vergleichen des Versicherungs-, Steuer- und Verkaufswertes von Grundstücken im Verwaltungsbericht der Stadt Leipzig.

4. Verkehrsmittel: Zusammengesetzt aus dem Kostenwert der Staatseisenbahnen und Straßen und dem Anlagekapital der Elbdampfschiffahrtsgesellschaften.

5. Bewegliche Habe: Versicherungssummen; Zuschläge von einem Fünftel auf Grund des Verhältnisses der Brandschadenfälle zu den Versicherungsfällen und einem Achtel infolge allgemeiner Erwägungen.

6. Kapitalvermögen und Schulden: Kapitalisierte Beträge der Einkommensteuer.

3. May.

Das Volkseinkommen Deutschlands (1900).

1. Einkommensempfänger über 900 Mark: Nach der preußischen Einkommensteuer; Zuschlag von 64 % dem Verhältnis der Bevölkerungen Preußens und Deutschlands entsprechend.

2. Einkommen der nicht steuerpflichtigen, aber versicherungspflichtigen Personen: Durchschnittseinkommen multipliziert mit ihrer Anzahl auf Grund der Berufszählung und Invalidenversicherung.

3. Einkommen der weder steuer- noch versicherungspflichtigen Personen: Berufszählung und umfangreiche Erwägungen über das Lohneinkommen der Kinder unter 14 Jahren und Personen von 14 bis 16 Jahren.

Nach ähnlichen Gesichtspunkten und in Anlehnung an May gruppiert auch Schmoller seine Schätzung des deutschen Volkseinkommens in seinem Lehrbuche.

4. Steinmann-Bucher.

Das deutsche Volksvermögen (1909).

1. Privatvermögen in Immobilien und Mobilien: Feuerversicherungssummen nach der Statistik des Kaiserl. Aufsichtsamtes für Privatversicherung.

2. Städtischer Grundbesitz: Durchschnittliche Bodenpreise und Flächeninhalt.

3. Ländlicher Grundbesitz: Preußischer Grundsteuerreinertrag und land- und forstwirtschaftlich benutzte Fläche.

4. Privater Bergwerksbesitz: Jährlicher Durchschnittsertrag und Berücksichtigung der Schätzungen von Ballod.

5. Im Auslande angelegtes Kapital und deutscher Besitz an fremden Wertpapieren: Denkschrift des Reichsmarineamts und Artikel der deutschen Wirtschaftszeitung.

6. Eigentumswerte produktiver Reichs- und Staatsanlagen: Hauptsächlich Anlagekapital.

7. Güter in Bewegung auf den Eisenbahnen, Schiffen usw.: Transportversicherung und Vermutungen.

8. Metallgeld: Summe der geprägten Reichsmünzen.

5. Helfferich.

Das deutsche Volksvermögen (1913).

Durchschnitt von zwei Schätzungen.

Erste Schätzung:

1. Privatvermögen: Ergänzungssteuer; 4 Zuschläge:

a) für steuerpflichtige Vermögen, die von der Veranlagung nicht erfaßt werden; da keine Deklarationspflicht besteht und der landwirtschaftliche Grundbesitz offenbar zu gering veranschlagt wird, 20 %.

b) für gesetzlich steuerfreie Vermögen unter 6000 Mark; aus der Zahl der Zensiten und angenommenen Durchschnittsvermögen.

c) für nicht steuerpflichtige Vermögensteile 10 %, was einem Durchschnitt von 375 Mark für Möbel, Hausrat usw. auf den Kopf der Bevölkerung gleichkommt;

d) für das nicht unter die Ergänzungssteuer fallende Vermögen der juristischen Personen zur Abrundung.

2. Vermögen der öffentlichen Körperschaften:

a) Eisenbahnen; Buchwert mit einem geschätzten Aufschlag;
b) sonstiges Staats- und Kommunalvermögen; angenommen.

Zweite Schätzung:

1. Gegen Feuer versicherte Werte: Feuerversicherung für Imobilien und Mobilien.

2. Städtischer Grund und Boden: Durchschnittlicher Wert des Baulandes und der Fläche wie bei Steinmann-Bucher; Durchschnittswert des Baulandes, jedoch etwa 40 % geringer veranschlagt.

3. Land- und forstwirtschaftlich genutzte Bodenfläche: Bodenfläche und angenommene Durchschnittswerte auf Grund der Verteilung der verschiedenen Kulturarten.

4. Bergwerkseigentum: Unter Anlehnung an andere Schätzungen angenommen.

5. Schiffe, transportversicherte Waren, metallische Umlaufsmittel: desgleichen.

6. Eisenbahnen, Hafenanlagen usw., die nicht zu dem gegen Feuer versicherten Vermögen gehören: Wie bei der ersten Schätzung.

7. Deutsche Kapitalanlagen im Ausland: Hauptsächlich nach der Denkschrift des Reichsmarineamts.

6. Fellner.

Volksvermögen: 1. Ungarns, 2. Österreichs (1913).

1. Grundbesitz: Durchschnitt von drei Schätzungen:

a) Durchschnittswert eines Katastraljoches[1] nach den Angaben der Kreditinstitute multipliziert mit dem gesamten Grundbesitz des Landes.

b) Katastralreinertrag mal 2,4 = wirklicher Reinertrag; zu $4^1/_2$ %. kapitalisiert.

---

[1] 1 Katastraljoch = 0,575 Hektar.

c) Wert der jährlich von Todes wegen in neuen Besitz übergehenden Liegenschaften („Erbschaftsannuität") multipliziert mit der durchschnittlichen mittleren Lebensdauer.[1]

2. Bergwerke: 40 % des Rohertrags = Reinertrag; zu 4 % kapitalisiert.

3. Gebäude: Mietzinsertrag minus 10 % für Unterhaltungskosten; zu $6\frac{1}{2}$ % kapitalisiert.

4. Straßen: Durchschnittlicher Bauwert für das Kilometer multipliziert mit der Länge der Straßen.

5. Eisenbahnen, Post- und Telegraphenanlagen: Reinertrag; mit 4 % kapitalisiert.

6. Mobilien: Feuerversicherungsstatistik; ergänzt durch eine Schätzung auf Grund der Statistik der Feuerschäden; überdies eine 10 prozentige Erhöhung für nicht oder nicht voll versicherte Mobilien.

7. Kapitalschuld an das Ausland: Auf Grund von Staatsschuldverschreibungen, Pfandbriefen, Aktien usw.

Nähere Begründung der bei unseren Berechnungen angewandten Zuschläge und die Berücksichtigung der juristischen Personen.

1. Die Ergänzung des immobilen Volksvermögens.

(Zu Teil II, Abschnitt 2.)

Für die Ermittlung des unversteuerten oder ertragslosen unbeweglichen Volksvermögens (siehe S. 21) sind nur spärliche Unterlagen vorhanden. Der Bauwert der Straßen und Plätze Sachsens wurde schon 1888 durch Schott auf etwa eine halbe Milliarde Mark angegeben. Es ist ohne weiteres wahrscheinlich, daß heute infolge der fortgesetzten Neuanlage von Straßen und Verbesserung der bestehenden, namentlich in den Städten, hierfür wenigstens 1 Milliarde anzusetzen ist. Der Bauwert aller der Gebäude, die nicht dem sächsischen Staate, also dem Reich und den Kommunen gehören (Post- und Militärgebäude, Rathäuser, Markthallen, Krankenhäuser, Kirchen usw.) dürfte dem Wert der Staatsgebäude gleichkommen, also auch etwa $1\frac{1}{2}$ Milliarden Mark betragen. Es fehlt dann immer noch der Wert der Friedhöfe, Parkanlagen, Denkmäler usw. Will man diese häufig in der nächsten Nähe der Städte gelegenen Anlagen nach dem Wert der Grundstücke in ihrer Umgebung veranschlagen, so stellen sie im ganzen sicher einen Wert dar, der von einer halben Milliarde nicht weit entfernt ist. Im Hinblick auf die Grundeinkommen unter 400 Mark, die in unserer Summe ebenfalls noch nicht voll enthalten sind (vergl. Anm. S. 21), kann unser Zuschlag von insgesamt 3 Milliarden oder 20 % in bezug auf die bis dahin ermittelte Summe nicht zu hoch erscheinen.

[1] Diese Größe benutzt Fellner a. a. O. (Referat) S. 3—5 und Tabelle S. 69/70 an Stelle der „Generationsdauer".

2. Die Ergänzung des mobilen Volksvermögens.

(Zu Teil II, Abschnitt 3.)

Die Mobiliarfeuerversicherungssumme (vergl. S. 23) entspricht den wirklich vorhandenen mobilen Werten nicht, denn: 1. Ein großer Teil der Mobilien wird auch heute noch nicht versichert; ein anderer Teil braucht nicht gegen Feuer versichert werden, weil er sich ständig auf der Eisenbahn, auf Schiffen usw. befindet (nach Steinmann-Bucher waren dies 1909 wenigstens 25 %); 2. die versicherten Gegenstände werden nicht alle voll verichert, namentlich wertvollere Sachen, wie Schmuckstücke, die in feuersicheren Schränken aufbewahrten Wertgegenstände usw., werden selten zu ihrem vollen Werte veranschlagt (Rümelin, Schall, Schott, Fellner u. a. schätzen diesen Ausfall auf $^1/_{10}$ bis $^1/_8$ der Versicherungssumme). Unter denselben Voraussetzungen hätten wir der Versicherungssumme für 1911 3 Milliarden hinzuzufügen. Wir begnügen uns jedoch für die Gegenwart mit einem geringeren Zuschlage, nämlich $2^1/_2$ Milliarden, um ihn für die früheren Jahre verhältnismäßig größer werden zu lassen, entsprechend der allmählichen Ausbreitung der Versicherung. Das nicht dem sächsischen Staate gehörige mobile Volksvermögen erreicht also für 1911 etwa 10,64 Milliarden.

Durch diese Berechnung vermeiden wir auch die Unsicherheit, die der aus der Einkommensteuer ermittelten Summe des privaten Produktivkapitals von 6,08 Milliarden anhaftet (s. o. S. 18/19 u. 23). Wenn wir zum Vergleich von hier aus dieselbe Größe wie oben bestimmen wollen, haben wir das gesamte unproduktive mobile Volksvermögen hinzuzurechnen, das sich aus drei Teilen zusammensetzt: 1. Die in den privaten Haushaltungen befindlichen Möbel, Geräte, Kleider, Wäschestücke usw., die wir mit $2^1/_2$ Milliarden, d. h. 500 Mark auf den Einwohner veranschlagen (Helfferich nimmt für Deutschland allerdings nur 375 Mark an). 2. Die übrigen unproduktiven mobilen Kapitalien, die sich im Besitz des Reiches, der Gemeinden, Kirchen, Stiftungen usw. befinden, also das Inventar der Post- und Militärverwaltung, der Krankenhäuser, Museen, Sammlungen, Bibliotheken usw. Wenn wir hierfür die Hälfte des entsprechenden immobilen Kapitals, also etwa $^3/_4$ Milliarden anrechnen, werden wir wohl ungefähr das Richtige treffen. 3. Der auf Sachsen entfallende Teil des umlaufenden Bargeldes. Von den 5 Milliarden, die Steinmann-Bucher für Deutschland in seine Rechnung einstellt, dürften wenigstens 0,4 Milliarden für uns in Frage kommen. Diese drei Posten (2,5 + 0,75 + 0,4) ergeben aber zusammen mit dem privaten Produktivkapital die obige Summe, sobald wir dieses um etwa 0,9 Milliarden höher veranschlagen, als wir aus der Einkommensteuer berechnet haben.

Die Umwandlung dieser einzelnen Posten in einen einzigen Zuschlag von 75 % (S. 23) hat einen dreifachen Erfolg: 1. Die Summe des produktiven mobilen Kapitals, die wir aus der Einkommensteuer berechnet haben, ist zwar ihrer Höhe nach nicht ganz zuverlässig, bietet dagegen für die zeitliche Verfolgung des mobilen Kapitals eine bessere Grundlage als die Versicherungssumme, die für die früheren Jahre im Verhältnis zur Gegenwart zu niedrig erscheint. 2. Da die Versicherungssumme rascher steigt als das berechnete produktive mobile Kapital, wird durch die gleichmäßige Vergrößerung um 75 % der Überschuß über die Versicherungssumme für die früheren Jahre verhältnismäßig größer als für die Gegenwart, was mit den Tatsachen übereinstimmt. 3. Die Unsicherheit in der Höhe der berechneten Summe wird dadurch unwirksam, daß die Höhe des Zuschlages auf Grund einer Vergleichung mit der Feuerversicherungssumme bemessen wurde.

3. Die Berücksichtigung der juristischen Personen.

(Zu Teil II, Abschnitt 5.)

In den von uns benutzten Zahlen ist das Einkommen der juristischen Personen stets mit enthalten. Bei der Berechnung des Volksvermögens konnte dennoch keine Doppelzählung vorkommen, weil hier das „Renteneinkommen“ gänzlich außer Acht gelassen werden durfte (vergl. S. 19). Dagegen hätten wir bei der Bestimmung des objektiven Volkseinkommens wenigstens den Teil des Einkommens der juristischen Personen, der zur Auszahlung an die Aktionäre gelangt (im Gegensatz zu den in Reservefonds usw. angelegten Werten) streng genommen besonders abziehen müssen. Es handelt sich um 31 Millionen Mark im Jahre 1880 und 115 Millionen im Jahre 1910[1], d. h. um 3,1 und 3,6 % der Einkommen. Lassen wir hiervon wie Helfferich (a. a. O. S. 98) ein Viertel auf die Reservefonds entfallen, so würde sich immer noch ein Zuviel von durchschnittlich 2,5 % des Volkseinkommens ergeben. Wir haben jedoch diesen Betrag oben (S. 27) nicht in Abzug gebracht, weil wir gleichzeitig auf sämtliche Erhöhungen verzichtet haben, die durch andere Unvollkommenheiten des Materials begründet sind, wie zu niedrige Einschätzung der Steuerpflichtigen, unvollkommene Berücksichtigung der Einkommen unter 400 Mark usw., die wir bei der Ermittlung des Volksvermögens in die Zuschläge eingerechnet haben. Es ist sehr wahrscheinlich, daß die noch nicht berücksichtigten Volkseinkommensteile den obigen Betrag von 2,5 % des Einkommens erreichen oder ihn noch übersteigen.

---

[1] **Diese Zahlen, die sich in den amtlichen statistischen Veröffentlichungen nicht finden, sind uns in liebenswürdigster Weise durch Herrn Geheimrat Dr. Würzburger, Direktor des Kgl. Sächs. Stat. Landesamtes, besonders zur Verfügung gestellt worden.**

Tabelle I: **Verschiedene Schätzungen des Volksvermögens.**
(Milliarden Mark.)

Land 1	Jahr 2	Zahl 3	Name 4	Stelle[1] 5
Deutschland	1885	165,069	Mulhall	Schnapper-Arndt S. 260
	1886	175	Becker	Schmoller S. 426
	1895	200	Schmoller	„
	1896/7	160	Lexis	Schnapper-Arndt S. 276
	1909	350	Steinmann-Bucher	a. a. O.
	1913	300	Helfferich	„
Preußen	1892/93	90,8	(Gesetzesvorlage)	Stat. Monatsschr. 1887 S. 776
	1896/97	100	Lexis	Schnapper-Arndt S. 276
	1904	90	Evert	Schmoller S. 426
Württemberg	1840	2,734	Schmidlin	Losch S. 48
	1863	4,646	Rümelin	Losch S. 48 Schnapper-Arndt S. 271
	1883	9,006	Schall	„
	1888	9,725	Schott	a. a. O. S. 48
Sachsen	1880	13,26	Verfasser	Tabelle 9
	1888	13,573	Schott	a. a. O.
	1913	32	Verfasser	S. 36
England	1600	5	Petty	Stat. Monatsschr. 1902 S. 594 Schnapper-Arndt S. 257
	1600	5,86	D'Avenant	Stat. Monatsschr. 1902 S. 594
	1600	9,32	Hooke	„
	1668	13	Gregory King	Stat. Monatsschr. 1902 S. 586 Schnapper-Arndt S. 258
	1800	36	Beck u. Pulteney	Juraschek S. XVIII
	1840	80	Porter	„
	1860	120	Leone Levi	„
	1865	122	Giffen	„
	1875	171	„	„
	1880	180	Neumann-Spallart	„
	1885	200,74	Giffen	„
	1885	204,7	„	Steinmann-Bucher S. 67
	1885	242,025	Mulhall	Schnapper-Arndt S. 260
	1893	208	Giffen	Juraschek S. XVIII
	1895	236,1	Mulhall	Steinmann-Bucher S. 67
	1902/03	228	Chiozza Money	„
	1905/06	253	Fabian Society	„
	1909	bis 300	Steinmann-Bucher	a. a. O.
Frankreich	1853	100	Girardin	Juraschek S. XIX
	1861	140	Wolowski	„

[1] Den genauen Titel der genannten Schriften wolle man im Literaturverzeichnis nachschlagen.

Tabelle I (Fortsetzung).

Land 1	Jahr 2	Zahl 3	Name 4	Stelle 5
Frankreich	1872	156	Duc d'Ayen	Juraschek S. XIX
	1878	208	Vacher	,,
	1878	192	A. Amelin	,,
	1881	173	S. Mony	,,
	1885	198,647	Mulhall	Schnapper-Arndt S. 260
	1890	180	Foville	Juraschek S. XIX
	?	190,4	Yves Guyot	Steinmann-Bucher S. 56
	?	170	Leroy-Beaulieu	,,
	?	190	d'Avenel	,,
	1892	243	Edmond Théry	Helfferich S. 114
	1893	180	Foville	Stat. Monatsschr. 1902 S. 777
	1894	160,997	Besson	,,
	1895	198	Mulhall	Steinmann-Bucher S. 56
	1899	170,24	Turquan	Stat. Monatsschr. 1902 S. 777
	1902	161	Foville	Steinmann-Bucher S. 56
	1908	232,5	Edmond Théry	Helfferich S. 114 Steinmann-Bucher S. 58
	1909	bis 250	Steinmann-Bucher	a. a. O.
Niederlande	1854/57	10,132	Verrijn Stuart	a. a. O. S. 483
	1880	13,017	(Stat. Jahrbuch)	Stat. Monatsschr. 1887 S. 623
	1883/86	19	Verrijn Stuart	a. a. O. S. 483 Stat. Monatsschr. 1902 S. 777
	1885	18,041	Mulhall	Schnapper-Arndt S. 260
	1892	17,260	Boissevain	Juraschek S. XXVI
Österr.-Ung.	1885	92,498	Mulhall	Schnapper-Arndt S. 260
	1913	107,313	Fellner	Referat S. 59
Österreich	1891	30	Jnama-Sternegg	Juraschek S. XXIII
	1902	50	,,	Stat. Monatsschr. 1902 S. 777 Schnapper-Arndt S. 258/59
	1913	72,021	Fellner	Referat S. 59
Ungarn	1891	10,3	,,	Juraschek S. XXIII
	1902	26,333	,,	Schnapper-Arndt S. 258
	1913	35,292	,,	Referat S. 59
Italien	1875/80	36	Pantaleoni	Stat. Monatsschr. 1902 S. 777 Juraschek S. XXII
	1877/81	38,5	Neumann-Spallart	Juraschek S. XXII
	1880/85	40,8	Pantaleoni	,,
	1885	64,782	Mulhall	Schnapper-Arndt S. 260
	1885/90	43,5	Pantaleoni	Juraschek S. XXII
	1890	43,52	Bodio	Stat. Monatsschr. 1902 S. 777
Schw.-Norw.	1885	16,195	Mulhall	Schnapper-Arndt S. 260
Schweden	1876	5,060	?	Juraschek S. XXIV
	1885	7,328	Fahlbeck	Referat S. 2

Tabelle I (Fortsetzung).

Land 1	Jahr 2	Zahl 3	Name 4	Stelle 5
Schweden	1898	10,080	Fahlbeck	Referat S. 2
	1908	15,470	Flodström	Fahlbeck, Referat S. 2
Norwegen	1884	2,17	Fahlbeck	Juraschek S. XXV
Dänemark	1800	0,91	Falbe-Hansen	Juraschek S. XXIV
	1848	1,82	,,	,,
	1864	3,65	,,	,,
	1880	6,34	Fahlbeck	Juraschek S. XXV
	1885	7,3	Falbe-Hansen	Juraschek S. XXIV
	1885	10,374	Mulhall	Schnapper-Arndt S. 260
Rußland	1880	22,3	?	Juraschek S. XXIV
	1885	131,715	Mulhall	Schnapper-Arndt S. 260
Belgien	1878	23,7	Massalski	Juraschek S. XXV
	1880	27,3	Graux	,,
	1885	20,255	Mulhall	Schnapper-Arndt S. 260
	1902	18,2	?	Moniteur maritime et commerciale
	1912	23,8	?	
Schweiz	1885	10,087	Mulhall	Schnapper-Arndt S. 260
Spanien	1885	48,790	,,	,,
Portugal	1885	8,426	,,	,,
Griechenland	?	bis 4,8	Schiadan	Juraschek S. XXVI
	1885	4,553	Mulhall	Schnapper-Arndt S. 260
Donaustaat.	1885	21,034	,,	,,
Ver. St. v. Am.	1790	3,15	Zensus	Juraschek S. XXVI
	1800	4,5	,,	,,
	1810	6,3	,,	,,
	1820	7,9	,,	,,
	1830	11,2	,,	,,
	1840	15,9	,,	,,
	1850	29,4	,,	Juraschek S. XXVI Stat. abstract 1905 S. 630
	1860	67,2	,,	,,
	1870	126,0	,,	,,
	1880	184,8	,,	,,
	1885	335,176	Mulhall	Schnapper-Arndt S. 260
	1890	273,155	Zensus	Juraschek S. XXVI Schnapper-Arndt S. 273
	1900	371,773	,,	Stat. abstract 1911 S. 619
	1904	449,838	,,	,,
	1904	428	Lexis	a. a. O. S. 1225
	1913	500	Helfferich	a. a. O. S. 115
Canada	1885	20,563	Mulhall	Schnapper-Arndt S. 260
Argentinien	1885	12,629	,,	,,
Australien	1885	22,059	,,	,,

Tabelle II: **Verschiedene Schätzungen des Volkseinkommens.**
(Millionen Mark.)

Land 1	Jahr 2	Zahl 3	Name 4	Stelle 5
Deutschland	1895	25387	May	a. a. O.
	1895	bis 25000	Schmoller	,,
	1896	21500	Helfferich	,,
	1900	31165	May	,,
	1908	35000	Steinmann-Bucher	,,
	1913	40000	Helfferich	,,
Preußen	um 1800	783	Krug	Schnapper-Arndt S. 258
	1872	6969,4	Soetbeer	Losch S. 33
	1875	7628,3	,,	Juraschek S. XX
	1880	8149,6	,,	,,
	1885	8720,0	,,	,,
	1890	9936,1	,,	,,
Württemberg	1840	236	Schmidlin	Losch S. 48
	1863	473	Rümelin	Losch S. 48 Fellner, Bulletin S. 117
	1883	702,1	Schall	,,
Sachsen	1880	982,1	Verfasser	Tabelle 10
	1900	2214,1	,,	,,
	1913	3400	,,	S. 36
England	1688	870	Gregory King	Stat. Monatsschr. 1887 S. 586
	1695	850	,,	Stat. Monatsschr. 1887 S. 588
	1814/15	2920	Dudley Baxter	Juraschek S. XVIII
	1843	5020	,,	,,
	1865	7930	,,	,,
	1867	11400	,,	Fellner, Bulletin S. 118
	1875	11430	,,	Juraschek S. XVIII
	1885	12670	,,	,,
	1885	11080,4	Giffen	Fellner, Bulletin S. 118
Großbritann.	1840	8640	,,	Stat. Monatsschr. 1887 S. 620
	1883	23960	,,	Stat. Monatsschr. 1887 S. 619
Großbr. u. Irl.	1840	10300	,,	Stat. Monatsschr. 1887 S. 620
	1867	16282,4	Dudley Baxter	Stat. Monatsschr. 1887 S. 619
	1867	18000	Leone Levi	,,
	1883	25400	Giffen	,,
	1908	35000	Chiozza Money	Helfferich S. 100
Frankreich	1699	816	Ch. Dupin	Juraschek S. XIX
	1800	4330	,,	,,
	1830	7050	,,	,,
	1848	8000	Chevalier	,,
	1861	12800	Cochut	,,
	1892	20000	Foville	,,
	1908	20000	Leroy Beaulieu	Helfferich S. 99
Österr.-Ung.	1859/61	5710	Czoernig	Juraschek S. XXII Fellner, Bulletin S. 117
	1867	6500	(Offiz. Statistik)	Juraschek S. XXII
	1868	7300	Fillunger	,,
	1874	9360	Neumann-Spallart	,,
Österreich	1880	3400	A. Beer	Juraschek S. XXIII
	1891	bis 4000	Jnama-Sternegg	,,
Ungarn	1905	2730	Fellner	Bulletin S. 148
Finnland	1862	393	Ignatius	Stat. Monatsschr. 1887 S. 609
	1881	330	(Offiz. Statistik)	Stat. Monatsschr. 1887 S. 608
Schweden	1880	1000	?	Stat. Monatsschr. 1887 S. 609
Norwegen	1880	420	?	,,
Dänemark	1880	700	?	,,
Griechenland	?	536	Schiadan	Juraschek S. XXVI

Tabelle III.

Grundsteuereinheiten.

(Millionen.)

Jahr	Kreishauptmannschaft					Königreich
	Bautzen	Dresden	Leipzig	Zwickau	Chemnitz	
1	2	3	4	5	6	7
1844	6,7	12,9	16,5	12,3		48,4
1854	6,8	13,6	17,2	12,6		50,2
1864	8,3	14,4	19,3	11,9		53,7
1874	8,5	16,4	22,2	13,3		60,3
1878	7,1	19,0	24,1	15,4		65,6
1880	7,2	19,7	24,8	15,8		67,5
1882	7,3	20,3	25,6	16,1		69,4
1884	7,4	20,9	26,6	16,5		71,3
1886	7,4	21,4	27,4	16,9		73,2
1888	7,5	22,1	28,6	17,6		75,8
1890	7,6	23,1	30,3	18,5		79,5
1892	7,8	24,3	32,4	19,5		84,0
1894	7,9	25,3	33,4	20,6		87,3
1896	8,0	26,5	34,3	21,3		90,1
1898	8,1	27,8	35,3	22,0		93,2
1900	8,3	29,8	37,1	10,2	12,6	98,1
1901	8,4	31,3	38,0	10,5	13,0	101,1
1902	8,5	32,3	39,0	10,7	13,3	103,9
1903	8,6	32,9	39,8	11,0	13,6	106,0
1904	8,7	33,5	40,9	11,3	13,9	108,3
1905	8,8	34,4	41,8	11,7	14,3	111,0
1906	8,9	35,1	43,0	12,1	14,7	113,8
1907	9,0	35,6	43,8	12,4	15,1	115,9
1908	9,0	36,0	44,4	12,6	15,5	117,5
1909	9,1	36,4	45,3	12,9	15,9	119,5
1910	9,2	36,6	46,2	13,0	16,2	121,2
1911	9,3	37,0	46,9	13,3	16,5	123,0

Tabelle IV.

Einschätzungen zur Einkommensteuer.

(Millionen Mark.)

A. Jahr B. Kreishauptmannschaft	Einkommen aus Grundbesitz	Renten	Löhnen	Handel u. Gewerbe	Zusammen	Schuldzinsen	Summe ohne Schuldzinsen
1	2	3	4	5	6	7	8
			A. Königreich.				
1880	222,2	115,5	379,9	353,4	1071,0	88,8	982,1
1882	229,5	128,6	422,4	370,8	1151,3	92,6	1058,7
1884	233,2	142,5	464,7	395,2	1235,7	94,8	1140,9
1886	240,6	157,6	520,8	418,0	1337,0	100,4	1236,6
1888	247,5	167,8	583,8	443,8	1442,9	105,3	1337,6
1890	262,7	187,1	665,1	496,0	1610,9	115,0	1495,9
1892	277,0	205,5	714,0	516,5	1713,0	128,1	1584,9
1894	287,1	220,3	771,3	527,8	1806,5	140,0	1666,5
1896	293,3	237,2	850,6	561,9	1943,0	150,3	1792,7
1898	307,1	263,1	971,8	625,5	2167,5	165,1	2002,4
1900	329,2	288,8	1103,2	682,0	2403,2	189,1	2214,1
1901	336,8	291,2	1144,2	693,0	2465,3	201,9	2263,4
1902	343,5	300,4	1157,7	700,1	2501,8	215,0	2286,7
1903	349,3	304,1	1182,2	712,0	2547,5	221,1	2326,4
1904	356,6	302,6	1234,3	703,0	2596,5	230,6	2365,9
1905	365,2	306,6	1283,1	719,8	2674,7	240,9	2433,8
1906	372,8	320,5	1338,3	738,2	2769,9	249,4	2520,5
1907	379,6	333,1	1416,0	775,2	2903,8	256,7	2647,2
1908	388,0	348,1	1514,8	813,1	3064,0	266,4	2797,6
1909	400,8	364,0	1576,9	846,4	3188,0	274,8	2913,2
1910	413,3	378,7	1644,5	872,9	3309,4	284,3	3025,0
1911	426,5	391,6	1733,0	912,2	3463,1	281,9	3181,1
			B. Kreishauptmannschaften 1910.				
Bautzen . .	35,2	25,3	118,3	51,8	230,7	17,6	213,1
Dresden . .	132,0	146,7	496,5	230,0	1005,2	96,7	908,1
Leipzig . .	131,2	110,1	473,3	270,7	985,3	91,7	893,7
Zwickau . .	53,0	47,2	258,7	154,9	513,8	36,8	477,0
Chemnitz .	61,8	49,4	297,5	165,6	574,3	41,5	532,8

Tabelle V: **Einschätzungen zur Ergänzungssteuer** (Millionen Mark).

Jahr	Grund-vermögen	Anlage- nnd Betriebskapital	Sonstiges Kapitalvermögen	Summe des Aktivvermögens
1	2	3	4	5
1904	26	2136	6186	8348
1905	27	2146	6210	8384
1906	28	2205	6403	8635
1907	39	2496	6537	9071
1908	38	2432	6679	9149
1909	39	2521	6885	9445
1910	38	2579	7177	9794
1911	38	2683	7474	10195

Tabelle VI: **Feuerversicherungssummen** (Millionen Mark).

Jahr	Immobilien	Mobilien	Jahr	Immobilien	Mobilien
1	2	3	1	2	3
1880	2790	2432	1902	6134	5665
1882	2966	2629	1903	6350	5870
1884	3113	2748	1904	6580	6019
1886	3290	3009	1905	6783	6299
1888	3561	3279	1906	6979	6636
1890	3912	3691	1907	7186	6985
1892	4196	3993	1908	7415	7368
1894	4472	4219	1909	7617	7677
1896	4787	4507	1910	7867	7833
1898	5238	4909	1911	8120	7988
1900	5735	5365	1912	8263	
1901	5936	5519			

Tabelle VII: **Das Staatsvermögen** (Millionen Mark).

Finanzperiode	Unbewegliches Staatsvermögen	Bewegliches Staatsvermögen	Zusammen	Umlaufende Staatsschulden
1	2	3	4	5
1874/75	553	145	698	368
1876/77	747	161	908	624
1878/79	775	161	936	694
1880/81	792	184	976	690
1882/83	790	204	994	677
1884/85	806	187	992	644
1886/87	862	180	1042	634
1888/89	904	203	1107	634
1890/91	939	206	1145	625
1892/93	986	183	1168	643
1894/95	1024	222	1246	693
1896/97	1082	211	1293	699
1898/99	1183	259	1442	830
1900/01	1264	266	1530	930
1902/03	1321	276	1598	962
1904/05	1372	276	1649	941
1906/07	1402	312	1714	918
1908/09	1453	316	1769	893
1910/11	1483	352	1835	869

Tabelle VIII.

Durchschnittliche Werte der Grundsteuereinheiten.

(Mark.)

Jahr	Stadt				Kreishauptmannschaft					Königreich
	Dresden	Leipzig	Chemnitz	Freiberg	Bautzen	Dresden	Leipzig	Zwickau	Chemnitz	
1	2	3	4	5	6	7	8	9	10	11
1880	—	—	—	—	101	100	84	126		101
1882	—	—	114,3[2]	—	103	101	84	130		102
1884	—	—	—	—	103	100	85	132		102
1886	—	—	132,2[2]	112,9[2]	104	103	85	132		104
1888	—	—	145,4[2]	112,8	103	103	85	138		105
1890	—	69,3	—	—	104	108	87	142		108
1891	—	71,5	—	—	—	—	—	—		—
1892	95,3	69,6	148,6	—	104	111	85	140		107
1893	—	70,6	—	114,2	—	—	—	—		—
1894	104,6	70,8	—	113,3	104	113	84	134		105
1895	—	71,2	131,0	113,6	—	—	—	—		—
1896	108,8	71,4	—	112,8	104	115	83	134		107
1897	—	71,7	137,8	111,8	—	—	—	—		—
1898	115,9	72,8	—	110,5	106	122	87	136		111
1899	—	72,9	—	111,6	—	—	—	—		—
1900	129,6	73,9	—	110,6	105	125	90	148	133	113
1901	—	78,2	140,7	111,2	—	—	—	—	—	—
1902	122,0	78,3	140,3	110,8	105	117	89	149	134	111
1903	—	78,3	142,6	110,0	—	—	—	—	—	—
1904	107,9[1]	81,9	142,1	110,2	105	112	88	152	133	109
1905	103,5	82,2	146,1	110,5	107	110	88	153	133	109
1906	100,8	81,9	142,2	109,5	107	109	89	152	133	109
1907	100,0	84,5	151,7	110,0	109	109	90	153	137	110
1908	100,3	85,6	153,0	111,5	112	110	92	156	140	112
1909	101,5	—	151,8	112,3	113	111	94	158	143	114
1910	109,2	—	154,5	111,2	114	114	96	161	145	116
1911	—	—	—	—	117	116	99	162	146	119

[1] Hier fand eine Änderung des Steuergesetzes statt.
[2] Diese Zahlen beziehen sich auf das Jahr, das dem in Sp. 1 angegebenen folgt.

Tabelle IX.

Das sächsische Volksvermögen.

(Milliarden Mark.)

Jahr	Immobiles Volksvermögen	Mobiles Volksvermögen	Summe des Volksvermögens	Jährliche Zunahme absolut	Jährliche Zunahme %
1	2	3	4	5	6
1880	8,95	4,31	13,26	—	—
1882	9,26	4,52	13,78	0,26	1,86
1884	9,57	4,79	14,36	0,29	2,11
1886	9,98	5,06	15,04	0,34	2,37
1888	10,39	5,38	15,77	0,37	2,46
1890	11,21	6,00	17,21	0,72	4,57
1892	11,76	6,20	17,96	0,38	2,21
1894	12,13	6,38	18,51	0,28	1,56
1896	12,61	6,78	19,39	0,44	2,38
1898	13,55	7,56	21,11	0,86	4,44
1900	14,61	8,23	22,84	0,87	4,13
1901	14,89	8,35	23,24	0,40	1,76
1902	15,16	8,45	23,61	0,37	1,59
1903	15,39	8,59	23,98	0,37	1,57
1904	15,56	8,49	24,05	0,07	0,29
1905	15,89	8,68	24,57	0,52	2,17
1906	16,25	8,92	25,17	0,60	2,44
1907	16,71	9,36	26,07	0,90	3,58
1908	17,26	9,80	27,06	0,99	3,80
1909	17,84	10,19	28,03	0,97	3,58
1910	18,39	10,53	28,92	0,89	3,18
1911	19,01	10,99	30,00	1,08	3,73

Tabelle X: **Das sächsische Volkseinkommen.**

(Milliarden Mark.)

Jahr	Fundiertes Volkseinkommen	Unfundiertes Volkseinkommen	Anteil des fundierten Volkseink. %	Bewegung des fundierten Volkseinkommens	Bewegung des unfundierten Volkseinkommens	Summe des Volkseink.	Volksverbrauch	Volksverzehr	Volkswohlstand
1	2	3	4	5	6	7	8	9	10
1880	0,48	0,50	49,4	100,0	100,0	0,98	—	0,76	1,29
1882	0,51	0,57	48,4	105,8	109,7	1,06	0,80	0,80	1,33
1884	0,54	0,60	47,7	112,3	119,8	1,14	0,85	0,85	1,34
1886	0,58	0,66	46,6	118,9	132,6	1,24	0,90	0,90	1,38
1888	0,61	0,73	45,3	125,0	147,1	1,34	0,97	0,96	1,39
1890	0,67	0,83	44,5	137,4	166,9	1,50	0,78	1,03	1,45
1892	0,70	0,89	44,1	144,1	178,1	1,58	1,20	1,11	1,42
1894	0,72	0,95	43,2	148,3	190,3	1,67	1,39	1,19	1,40
1896	0,75	1,04	42,2	155,7	208,6	1,79	1,35	1,29	1,39
1898	0,82	1,18	41,0	169,7	237,2	2,00	1,14	1,38	1,45
1900	0,88	1,33	39,9	182,2	267,6	2,21	1,34	1,49	1,48
1901	0,89	1,38	39,2	183,2	276,3	2,26	1,86	1,55	1,46
1902	0,90	1,39	39,2	184,9	279,7	2,29	1,92	1,61	1,42
1903	0,91	1,42	39,0	187,1	283,9	2,33	1,96	1,67	1,40
1904	0,90	1,47	37,9	185,1	295,2	2,37	2,30	1,73	1,37
1905	0,91	1,52	37,4	187,0	306,2	2,43	1,91	1,79	1,36
1906	0,94	1,58	37,1	193,2	318,4	2,52	1,92	1,86	1,35
1907	0,97	1,67	36,7	200,8	336,6	2,65	1,75	1,92	1,38
1908	1,01	1,79	36,2	207,5	358,9	2,80	1,81	1,99	1,41
1909	1,05	1,86	36,2	211,7	373,5	2,91	1,94	2,06	1,41
1910	1,09	1,94	36,1	215,7	389,0	3,03	2,14	2,14	1,41
1911	1,14	2,04	36,0	236,2	409,2	3,18	2,10	2,21	1,44

Tabelle XI: **Das Volksvermögen der Kreishauptmannschaften 1910.**

(Milliarden Mark.)

Kreishauptmannschaft	Immobiles Volksvermögen	Mobiles Volksvermögen	Summe des Volksvermögens	Auf den Kopf der Bevölkerung (Mark)
1	2	3	4	5
Bautzen	1,26	0,61	1,87	4220
Dresden	5,00	2,67	7,67	5680
Leipzig	5,33	3,16	8,49	6860
Zwickau	2,51	1,80	4,31	5030
Chemnitz	2,81	1,94	4,75	5160
Staatsvermögen	1,48	0,35	1,83	380
Königreich	18,39	10,53	28,92	6020

Tabelle XII.

Das Volkseinkommen der Kreishauptmannschaften 1910.

(Millionen Mark.)

Kreishauptmannschaft	Fundiertes Volkseinkommen	Unfundiertes Volkseinkommen	Anteil des fundierten Volkseinkommens %	Summe des Volkseinkommens	Auf den Kopf der Bevölkerung (Mark)
1	2	3	4	5	6
Bautzen . . .	77,4	135,6	36,6	213,0	480
Dresden . . .	335,3	573,2	36,9	908,5	672
Leipzig	330,1	563,5	36,9	893,6	723
Zwickau . . .	166,7	310,3	34,9	477,0	556
Chemnitz . . .	180,1	352,7	33,8	532,8	578
Königreich . .	1089,6	1935,3	36,1	3024,9	628

Tabelle XIII.

Die Berechnung der Ungleichheitskoeffizienten.

Jahr	1‰ der einkommensteuerpflichtigen Personen	Die übrigen einkommensteuerpflichtigen Personen	Vermögen der reichsten 1‰ Personen (Milliarden Mark)	Das übrige private Volksvermögen (Milliarden Mark)	Durchschnittsvermögen der reichsten Personen (Mark)	Durchschnittsvermögen der übrigen Personen (Mark)	Ungleichheitskoeffizient
1	2	3	4	5	6	7	8
1904	1865	1863135	2,11	20,29	1130000	10880	(103,7)
1906	1941	1939059	2,31	21,15	1189000	10910	109,5
1908	2038	2035962	2,41	22,88	1182000	11230	105,2
1910	2105	2102895	2,56	24,52	1214000	11670	104,0

Tabelle XIV.

Ortsanwesende Bevölkerung.

(Tausend.)

A. Königreich: Jahr	A. Königreich: Bevölkerung	B. Kreishauptmannschaften 1910: Kreishauptmannschaft	B. Kreishauptmannschaften 1910: Bevölkerung
1	2	3	4
1875	2761	Bautzen	443,5
1880	2973	Dresden	1350,3
1885	3182	Leipzig	1234,6
1890	3503	Zwickau	857,7
1895	3788	Chemnitz	920,5
1900	4202		
1905	4509		
1910	4807		

Tabelle XV.

Durchschnittliche Zahl der Eheschließungen.

Jahr	Eheschließungen (Tausend)	Bevölkerung (Millionen)[1]	Eheschließungen auf 1000 Einwohner
1880	25,6	2,97	8,62
1882	26,7	3,05	8,75
1884	28,8	3,14	9,18
1886	29,8	3,24	9,19
1888	30,3	3,37	9,00
1890	32,4	3,50	9,26
1892	31,0	3,62	8,57
1894	32,4	3,73	8,68
1896	35,1	3,87	9,07
1898	38,6	4,04	9,56
1900	38,0	4,20	9,06
1901	35,7	4,26	8,37
1902	35,2	4,32	8,15
1903	36,2	4,39	8,25
1904	37,1	4,45	8,34
1905	37,5	4,51	8,32
1906	38,2	4,57	8,37
1907	38,6	4,63	8,34
1908	39,2	4,69	8,36
1909	38,5	4,75	8,10
1910	38,9	4,81	8,09
1911	41,3	4,87	8,48

[1] Die Bevölkerungszahlen der Jahre, in welchen keine Volkszählungen stattfanden (vgl. Tabelle 14), wurden durch Interpolation gefunden, d. h. die Bevölkerungszunahme für ein Jahr wurde einem Fünftel der Bevölkerungszunahme von einer Zählung zur anderen gleichgesetzt.

Bild I.

Durchschnittliche Werte der Grundsteuereinheiten.

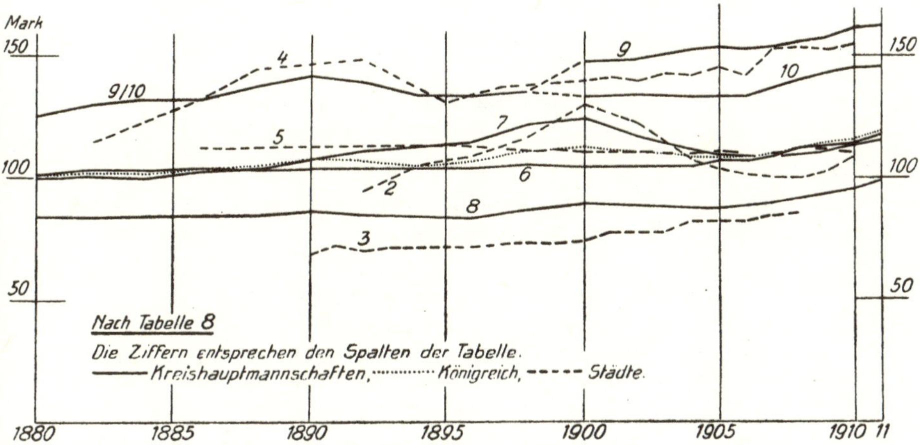

Bild II.

Das sächsische Volkseinkommen.

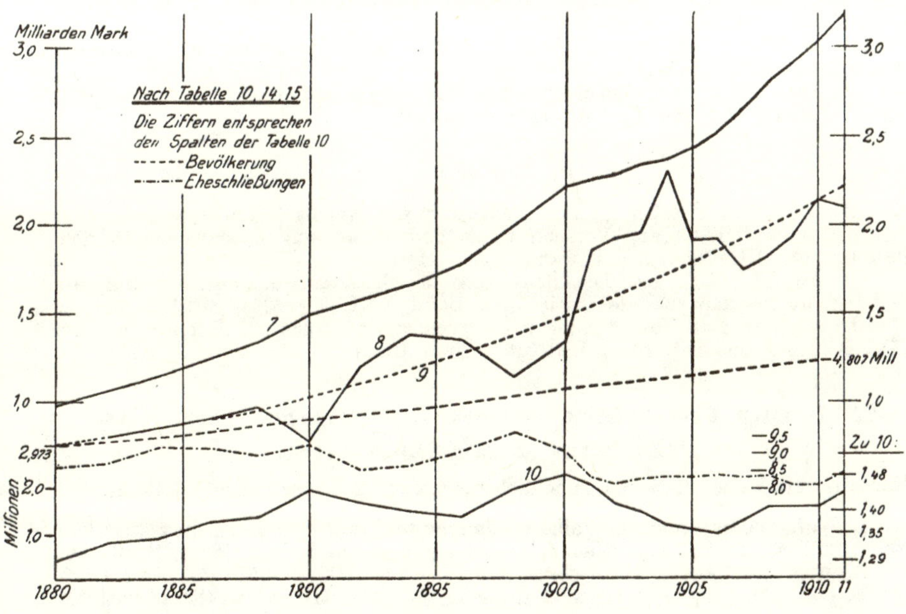

Literatur.

1. Schätzungen des Volksvermögens, Volkseinkommens oder Teilen des Volksvermögens.

a) Deutschland und Einzelstaaten.

Schmoller, Grundriß, II. Band (Leipzig 1908), S. 427—429.

R. E. May, Das deutsche Volkseinkommen im Jahre 1900, im Jahrbuch für Gesetzgebung, Verwaltung und Volkswirtschaft im Deutschen Reich (herausg. von Schmoller), Band 27, 1 (1903), S. 195—208.

Steinmann-Bucher, 350 Milliarden deutsches Volksvermögen (Berlin 1909).

Karl Helfferich, Deutschlands Volkswohlstand 1888—1913 (Berlin 1913), S. 92—123.

Sigmund Schott, Der Volkswohlstand im Königreiche Sachsen (Leipzig 1890).

Edmund Steglich, Beiträge zur Statistik des Grundeigentums III: Versuch einer Wertermittelung des Grund- und Gebäudebesitzes, in der Zeitschrift des Kgl. Sächs. Stat. Landesamtes 1892, S. 75—97, und Besitzwechselstatistik 8: Durchschnittswerte und Verkaufspreise von Grundstücken 1889—1892, in derselben Zeitschrift 1893, S. 165ff.

A. Soetbeer, Umfang und Verteilung des Volkseinkommens im preußischen Staate 1872—1878 (1879).

Julius Wolf, Die Volkswirtschaft der Gegenwart und Zukunft (Leipzig 1912). Anhang II: Der Bodenwert von Berlin.

b) Ausland.

Roschmann-Hörburg, Der Bodenwert Österreichs (Wien 1885).

Johann Winckler, Versuch einer Bodenbewertung Österreichs, in den Statistischen Mitteilungen, XV. Jahrgang, 1. Heft.

Friedrich Fellner, Die Schätzung des Volkseinkommens, im Bulletin de l'institut international de statistique, Band XVI, 3 (1905), S. 109—151.

Derselbe, Das Volksvermögen Österreichs und Ungarns, Referat für den XIV. Kongreß des Int. Stat. Instituts (Wien 1913).

2. Arbeiten über Schätzungen des Volksvermögens oder Volkseinkommens, Zusammenfassungen.

(Enthalten Hinweise auf die hauptsächlichsten unter 1 nicht genannten Schätzungen).

Losch, Volksvermögen, Volkseinkommen und ihre Verteilung, in Schmollers Staats- und sozialwissenschaftlichen Forschungen, Band VII, 1 (1887), S. 10—56.

Schnapper-Arndt, Sozialstatistik (Leipzig 1908) S. 257—283, mit einer Tabelle der Schätzungen von Mulhall aus dessen Industry and wealth of nations.

Berichte über die Tätigkeit des statistischen Seminars an der Universität Wien, in der statistischen Monatsschrift XIII. Jahrgang (1887), S. 576—634 und Neue Folge VII. Jahrgang (1902), S. 770—779.

Fahlbeck, L'évaluation de la richesse nationale de la Suède, Referat für den XIV. Kongreß des Int. Stat. Instituts (Wien 1913).

Ergebnisse des Zensus, im Statistical abstract of the United States 1905, S. 630 und 1911, S. 619.

Georg Evert, Das Deutsche Volksvermögen und sein jährliches Wachstum, in der Zeitschrift „Die Woche" 1913, S. 1026—1029.

3. Theoretische Arbeiten über die Ermittelung des Volksvermögens oder Volkseinkommens, Hilfsarbeiten.

a) Begriffsbestimmungen.

Lexis, Artikel „Einkommen" im Wörterbuch der Volkswirtschaft (her. von Elster, 1911) I. Band S. 727—728 und Artikel „Volksvermögen", II. Band S. 1223—1225.

Georg Schanz, Der Einkommensbegriff und die Einkommensteuergesetze, im Finanzarchiv, XIII. Jahrgang (1896), S. 1—87.

Fedor Weinschenck, Das Volksvermögen mit besonderer Berücksichtigung der Stellung des Grund und Bodens darin (Jena 1896).

Losch, a. a. O. S. 3—9.

Fellner, a. a. O. S. 109—112.

b) Methodische Arbeiten.

Adolph Wagner, Zur Methodik der Statistik des Volkseinkommens und Volksvermögens, in der Zeitschrift des Kgl. Preuß. Stat. Bureaus 1904, S. 41—122.

Würzburger, Die sächsische Einkommensteuerstatistik als Maßstab für die Beurteilung der Einkommensverhältnisse, in der Zeitschr. des Kgl. Sächs. Stat. Landesamtes 1904, S. 1—29.

Verrijn Stuart, Über die Methode der Berechnung des gesellschaftlichen Vermögens aus der Erbschaftsstatistik, im Allgemeinen Statistischen Archiv (her. v. Mayr), 3. Jahrgang (1894), S. 475—484.

Losch, a. a. O. S. 56—110.

Fellner, a. a. O. S. 112—120.

4. Arbeiten über die Verteilung des Volksvermögens oder Volkseinkommens, Volkswohlstand usw.

Nicolae Tabacovici, Die Statistik der Einkommensverteilung mit besonderer Rücksicht auf das Königreich Sachsen, in der Sammlung volkswirtschaftlicher und wirtschaftsgeschichtlicher Abhandlungen (her. v. W. Stieda), III. Folge, Heft 4 (1913).

Böhmert, Hauptergebnisse der sächsichen Statistik 1875—1890, in der Zeitschr. des Kgl. Sächs. Stat. Landesamts 1890, S. 45—50 (mit einer graphischen Darstellung).

Josef v. Friedenfels, Die Höhe des Einkommens nach Geschlecht und Beruf der Zensiten der Personaleinkommensteuer im Jahre 1903, in den Mitteilungen des k. k. Finanzministeriums, XIII. Jahrgang (1907), 2. Heft, S. 599—683.

M. Roger W. Babson, Etablissement et application des indices nationaux Babson, im Journal de statistique de Paris (April 1913).

Juraschek, Übersichten der Weltwirtschaft, begründet von Neumann-Spallart, Jahrgang 1885—1889 (1895), S. XXIX—CXVI.

5. Das Zahlenmaterial.

a) Übersicht über die in den einzelnen Ländern vorhandenen Materialien.

A. N. Kiaer, Documents concernant la statistique internationale de la répartition des revenus privés, im Bulletin de l'institut international de statistique, Band XIX, 2 (1910), S. 102—198.

Derselbe, La répartition des revenus et fortunes privas, Referat für den XIV. Kongreß des Int. Stat. Institutes (Wien 1913).

b) Die von uns für Sachsen benutzten Quellen.

Zeitschrift des Kgl. Sächs. Stat. Landesamts, alle in Frage kommenden Jahrgänge.

Statistisches Jahrbuch für das Königreich Sachsen, desgl.

Verwaltungsberichte der Städte Dresden, Leipzig, Chemnitz und Ereiberg, desgl.

Metzger & Wittig, Leipzig

www.ingramcontent.com/pod-product-compliance
Lightning Source LLC
LaVergne TN
LVHW042250300926
849161LV00003B/542
9783112639498